U0508389

跨文化交际视野下的英语教学研究

高玉霞◎著

吉林出版集团股份有限公司

全国百佳图书出版单位

图书在版编目（CIP）数据

跨文化交际视野下的英语教学研究 / 高玉霞著 . --
长春 : 吉林出版集团股份有限公司 , 2023.7
ISBN 978-7-5731-4063-0

Ⅰ . ①跨… Ⅱ . ①高… Ⅲ . ①英语—教学研究—高等
学校 Ⅳ . ① H319.3

中国国家版本馆 CIP 数据核字 (2023) 第 133094 号

跨文化交际视野下的英语教学研究
KUAWENHUA JIAOJI SHIYEXIA DE YINGYU JIAOXUE YANJIU

著　　者	高玉霞	
责任编辑	李婷婷	
封面设计	李　伟	
开　　本	710mm×1000mm	1/16
字　　数	220 千	
印　　张	11	
版　　次	2024年1月第1版	
印　　次	2024年1月第1次印刷	
印　　刷	天津和萱印刷有限公司	

出　　版	吉林出版集团股份有限公司
发　　行	吉林出版集团股份有限公司
地　　址	吉林省长春市福祉大路 5788 号
邮　　编	130000
电　　话	0431-81629968
邮　　箱	11915286@qq.com
书　　号	ISBN 978-7-5731-4063-0
定　　价	72.00 元

作者简介

　　世界经济一体化、文化多元化的快速发展以及英语作为世界通用语地位的确立，为我国高校英语教学提出了培养学生跨文化交际能力的新要求。但是，我国高校英语教学长期沿袭以讲授语言知识为重点的教学模式，注重培养学生的语言能力，忽视了文化教学，导致学生英语文化知识缺乏，国际视野受限，跨文化交际能力薄弱，学生难以利用所学英语知识进行有效的跨文化交际。

　　面对新的时代背景，在跨文化交际视野下进行高校英语教学改革研究，旨在贯彻英语素质教育的基本方针，使英语教学和英语学习实现其本质的回归。现代英语教学更应趋向于将语言交际与文化交流相结合，把语言知识传授、语言运用能力与跨文化交际能力培养融为一体，不仅符合外语教与学的基本规律，而且符合培养复合型、国际型英语人才的基本需求。

　　实际上，跨文化交际与高校英语教学密不可分。2018年1月，教育部发布的《普通高等学校本科专业类教学质量国家标准》，明确将跨文化交际能力作为外语类专业学生应具备的能力要求之一，可见，专业核心课程应包括文化类课程。2018年2月，教育部和国家语言文字工作委员会发布我国首个英语能力测评标准——《中国英语能力等级量表》，该量表以语言运用为导向，构建了多层级的指标体系，对各等级的能力特征进行了全面、清晰、翔实的描述，成为跨文化交际中英语教学工作的开展基础。

　　在内容上，本书共分为六个章节，第一章为跨文化交际概述，主要就跨文化交际的概念与发展历程、跨文化交际的基本类型、影响跨文化交际的因素、语言与文化的关系四个方面展开论述；第二章为高校英语教学概论，依次介绍了高校英语教学的理论基础、高校英语教学的基本内容、高校英语教学的基本原则、高校英语教学的模式与理念四个方面的内容；第三章为跨文化交际与英语教学融合探究，主要围绕中外文化差别对语言的影响、跨文化交际与英语教学、英语教学跨文化交际的必要性三个方面展开论述；第四章为基于跨文化交际的英语教学，依次介绍了跨文化英语教学理论建构、跨文化交际英语教学基础、跨文化英语教学的原则与方法、跨文化交际中英语教师能力的培养、英语教学中学生跨文化交际能力的培养五个方面的内容；第五章为跨文化交际下的英语教学发展趋势，分为两部分内容，依次是跨文化交际下英语教学的个性化发展、跨文化交际下的英语教学模式研究。

在撰写本书的过程中，作者得到了许多专家学者的帮助和指导，参考了大量的学术文献，在此表示真诚的感谢。本书内容系统全面，论述条理清晰、深入浅出，但由于作者水平有限，书中难免会有疏漏之处，希望广大同行及时指正。

高玉霞

2022 年 8 月

目　录

第一章 跨文化交际概述

国际交流的日益加深，使得跨文化交际越来越受到重视。本章主要就跨文化交际概述问题展开论述，从跨文化交际的概念与发展历程、跨文化交际的基本类型、影响跨文化交际的因素、语言与文化的关系四个方面进行宏观上的论述。

第一节 跨文化交际的概念与发展历程

一、跨文化交际的概念

（一）跨文化交际的定义

人类交际大致会经历以下几个阶段：即发明语言，使用文字，创造印刷术，创新交通工具，发展通信手段，跨文化交际层出不穷。随着交通工具和通信手段的发展，全球具有各种文化背景的人口得以频繁流动和沟通，跨文化交际的重要性不言而喻。

中国学者在翻译的时候，翻译了很多名称，包括跨文化交流学、跨文化的交际、跨文化交际学、文化间的交际、多文化交际、跨文化传播等。国内外学者都认同跨文化交际学的"多学科性、跨学科性、交叉学科性、边缘学科性"，与其相关的学科有人类学、社会学、传播学、心理学、语言学、哲学等。

跨文化交际常被定义为"来自不同国家文化背景的人员之间的交际，很多学者将其限定为面对面的交际"。跨文化交际是一个符号的、解释的、相互影响的、与上下文有关的过程。在跨文化交际过程中，来自不同文化背景的人们创造出可分享的含义。当大量的和重大的文化差异产生了不同的理解，并产生期望如何去更好地交际时，跨文化交际就出现了。跨文化交际正如其名所指，是不同文化之间的交际和不同文化背景的人之间对意义归因的互动的、具有象征性的过程。

本书在此对跨文化交际进行了界定：文化背景不同的人进行交流的过程，就是文化认识和符号系统相异的人与人之间进行的交流。这种不同的交际活动涉及语言、社会以及其他方面，包括个人与组织的关系等。这些具有差异性的文化认识与符号系统可以使交际事件发生变化。

我国的相关研究的重点主要集中在国际性的跨文化交际方面。

（二）跨文化交际的界定

1.符号系统是文化与交际的基础

交际离不开语言，而语言则需要借助相应的词汇来实现其功能。交际是人的生存之本，社会中各项活动的开展离不开交际，交际是传承和存储文化的一种重要途径。需要注意的是，我们在交际的过程中必须注意在语言使用过程中，不要因文化差而造成语用失误，否则可能会因交际误会而影响双方的关系。交际受文化影响较大，文化在交际中可以起到润滑剂的作用，只要人们在同一种文化下共用同种规则。但是，如果交际双方的文化天差地别，那么双方基于各自文化的交流就会出现许多阻碍。因此，研究交际与文化之间的关系对于我们认识语言的本质和提高外语能力都有一定意义。

2.跨文化交际的本质就是交际

运用符号、肢体语言来传递和发送信息的交际特征，跨文化交际也都具有。也就是说，跨文化交际符合普通交际模式和规律。其特殊之处是，跨文化交际具有一套独特的模式和规律。在交流过程中，交际双方对信息的处理都是建立在自身文化的基础规律上的，双方对信息的编码、释码和解码的结果很可能因为文化的差异而截然相反。由于交际双方所使用的语言有差异，便存在着两种或多种具有相同结构的规则体系。典型性的同文化交流需要保证交际双方所使用的规则系统完全一致。可能出现文化冲突甚至误解的典型性的跨文化交际的交际双方，使用的必定是不一样的两套规则系统。但是，在现实生活中，真正的完全相同与完全不同的交际情况是没有的。也就是说，无论两种文化有多大的差异，它们之间总会有相同之处，这是交际的基础，同样，即使是处在同一种文化的两个交际者，他们运用规则进行编码、释码和解码的过程也不可能完全相同。不同的个体在理论上具有多方面的差异性，如教育文化背景不同、兴趣爱好不同、思想性格不同、生活方式不同等。因此，在跨文化交际中，每个个体都会表现出自己特有的行为模式，并由此产生各种文化差异。因此在理论上，任意两个人之间的交流都是跨文化交流，因为每个人都具有独特的微型文化。在交流过程中，由于语言固有的模糊性和复杂性，以及文化背景因素对语言表达产生了巨大影响，因此会出现许多文化差异。文化上的差异可大可小，从大的角度来说，是国籍、民族和政治制度的差异，从小的角度来说可以是同一文化规则下的人们的性别、兴趣、教育背景和社会阶层的差异等。

另外，各种文化差异的大小是可以被表征的，有相关学者就曾以连续体形式来显示各文化群体之间存在着的程度不等的文化差异，效果非常直观。他们认为，在人类语言中存在着许多与社会环境相关的特征，这些特征可以反映出一定范围内不同人群之间的交流情况，以及不同文化群体内部成员对彼此态度上的异同。如果将各种文化之间的交流视为跨文化交流，那么跨文化交际就会涉及跨民族交际、跨种族交际、国际性跨文化交际，以及同一种主流文化中不同层次人群之间的交流。

总体来说，跨文化交际在国内主要体现在国际性跨文化交际方面。跨文化交际也因此被界定为各国文化的交流，很多学者都将这种沟通局限于面对面沟通的模式。所以，本书在此研究的跨文化交际并没有将我国同一种主流文化内部不同层次人群之间的交流纳入，仅涉及国际性跨文化交际。

（三）跨文化交际的概念要点

1. 交际双方必须具有不同的文化背景

文化背景不同是一个广义上的概念，可以说是各文化圈的区别，也可以说是同文化圈内亚文化的区别。在汉语教学中，往往把这种差异称为语言层面上的文化差异，而将与之相关的其他方面称为非语言性的文化因素。对外汉语专业面对的文化差异主要是指各文化圈间存在的区别，特别是在中国与欧美国家文化差异方面。这种差异主要表现为语言使用上的差异和思维方式上的差异。在跨文化交际中，就现实情况而言，在中国和欧美国家之间因文化背景不同而产生的交际语用矛盾比较频繁，需要我们重视起来。因此，了解并掌握不同文化背景下的人际交流方法就显得尤为重要。相对来说，中国与日本、韩国等亚洲地区的国家进行的国际交往就比较顺畅，尽管中国与这些国家之间也存在文化差异，但是，这些国家和中国都在东方文化圈的范畴内，相互间具有相似的文化取向和交际规则。

2. 交际双方必须使用同一种语言交际

毋庸置疑,交际是在双方相同语言的基础上进行的。如果己方用一种语言表达,而对方用另一种语言表达,那么交际是无效的。在这种情况下,交际双方都必须用同样的语言表达思想和观点,即交际双方选择同一种语言交流,那么用于交流的这门语言对于一方而言是母语,而对于另一方而言则是习得的"目的语",属于第二语言。在跨文化交际中,人们必须了解自己所选用的语言所承载的文化信息。例如,一个美国人和一个中国人对话,他们可以在汉语或英语中择一使用。只有这样,他们才能用同样的语言进行直接的交流,且无须经过翻译这一中间环节。在这两种语言所涉及的两个民族之间的文化差异中,我们必须把对方的语言与母语区分开来。

3. 交际双方进行的是实时的口语交际

想要进行跨文化交际有很多方式。除了选择一种语言符号进行交流外,还可运用商品、实物、画报和图像等作为非语言符号进行交流。交际可分为双向交际和单向交际,双向交际需要在现场面对面交流,单向交际则可以通过广播电视和报刊等媒介交流。交际还可以分为"即时"和"非即时"的口语交际和书面交际,口语交际是即时交际,非即时交际是指通过信函公文等进行的书面交际。就对外汉语专业而言,我们以实时口语交际为主,也就是双方当面对话。另外,交际还包括与口语交际相伴的书面语交际,这些交际都有可能进行,也就是用文字传播方式进行交流。

4. 交际双方进行的是直接的言语交际

目前,国内跨文化交际研究多以外语教学界为中心。外语教师和研究者对外语学习中出现的文化障碍进行了大量且深入的调查和分析,并提出相应的对策和建议,这些都为我国的外语教学改革提供了宝贵的经验。外语专业毕业的学生将有很多从事对外交流工作,这项工作的要求之一就是通晓两种语言,能在跨语言交际中充当翻译角色。也就是说,不同的文化背景主要是通过"翻译"这一中介得以化解的。由于不同国家存在着文化差异,因此语言上就会产生各种障碍,这就需要有一个专门为交流而设计的翻译理论来帮助人们进行有效的跨文化交际。对外汉语专业的使命就是教外国人讲中国话,还要对外传播中国文化。因此,对外汉语专业教学的着眼点是交际双方直接进行交流,而非以"翻译"为媒介的交际任务。汉语与英语存在很大的差别，这就决定了在进行跨文化交流时，交际双方必须要遵循一定的原则。外汉语专业教学在很大程度上没有涉及翻译教学，它的重心就是让学生懂得语用规则。想要确保双方交际的有效性，必须对彼此的文化行为准则和价值观有一定的认识，并且对交际中出现的各种文化因素加以协调。

二、跨文化交际的发展历程

（一）跨文化交际的历史

近年来，跨文化交际已经成为一种不可避免的沟通方式，变得越来越重要；同时，"跨文化交际"作为语言学和语言教学中的新兴学科越来越受到人们的重视。

跨文化交际的英文是 Intercultural Communication。虽然跨文化交流的现象在古代就存在，但直到 20 世纪中叶，跨文化交际才被确立为一个独立的边缘学科。

（二）跨文化交际学的发展历程

1. 跨文化交际学的兴起

美国是跨文化交际学的发源地之一。美国跨文化交际学的兴起和发展有着深厚的历史背景，这与美国的社会文化密切相关。准确来说，第二次世界大战催生了跨文化交际学。在第二次世界大战后，美国的国际地位直接上升，它的外交政策发生了一些变化，因此跨文化交际学应运而生。美国在第二次世界大战以前无论是在地理上，还是在政治上，都与世界上的其他国家相对孤立。第二次世界大战以后，美国必须与其他西方国家保持密切的外交联系。以协助西欧国家战后重建，当时"马歇尔计划"在美国推行。这一计划是由一批著名人类学者、社会活动家和教育家组成的国际组织制定并执行的。该方案要求派大量外交官和技术人员出国访问交流，但是，当时的那些外交官和技术人员对目的国的语言和文化一无所知，在进行跨文化交流的过程中遇到许多问题，由此产生了诸多矛盾。这不仅阻碍了交流的双方关系的发展，也影响了这些外交官和技术人员的能力的发挥。因此，自 20 世纪 50 年代以来，美国国务院下属的"外交事务学院"就聘请了许多优秀的人类学家和语言学家，为美国出国交流的外交官、技术人员提供跨文化交际教学与外语训练。霍尔作为著名人类学家，就是当时的培训教师之一。其著作《无声的语言》(*The Silent Language*) 一书于 1959 年出版, 标志着跨文化交际学的诞生。

跨文化交际学在美国的兴起和发展还有重要的社会文化背景。不同族裔、不同语言和不同文化背景的人们之间如何和平相处与平等交流是个人和政府面临的挑战。另外, 美国作为世界上经济和教育最发达的国家之一, 国际交流非常频繁, 每年有大量留学生和访问学者到美国读书或做研究, 美国也有大批技术人员、管理人员到跨国公司在海外的机构工作, 所有这些因素都推动了美国跨文化交际学科的发展。

2. 跨文化交际学的创立

1959 年, 霍尔出版了《无声的语言》一书, 标志着跨文化交际学的诞生。霍尔是一位人类学家, 他对跨文化交际学的影响远远大于他对于人类学的贡献。霍尔从微观的角度研究文化, 特别是在研究人们无意识的文化层面。其中, 他对非语言行为的研究成为跨文化交际学重要的组成部分。霍尔的理论和跨文化交际训练方法成为后来跨文化交际学的理论基础。霍尔对于跨文化交际学的贡献主要体现在以下 5 个方面:

①侧重微观的跨文化交际的研究, 而不是宏观的单一文化的研究。

②对于非语言交际的界定和研究。

③强调信息交流中, 特别是非语言交际中的无意识层面。

④对于跨文化交际中的差异采取接受和非价值判断的态度。

⑤采用注重学员参与的体验式的跨文化交际训练方法。

3. 跨文化交际学的确立

20 世纪 70 年代被认为是跨文化交际学的确立阶段, 主要表现为跨文化交际课程的开设、跨文化交际专著的出现、专业协会的成立和跨文化交际研究专业期刊的创刊。

1966 年, 美国匹兹堡大学最先开设了跨文化交际的课程。20 世纪 70 年代, 美国大约有两百所学校开设了跨文化交际的课程。

20 世纪 70 年代, 一批有影响的跨文化交际论著相继出版, 包括拉里·萨莫瓦 (Larry Samovar) 和波特 (Porter) 的《跨文化交际读本》(*Intercultural Communication: Reader*)、康登 (Condon) 和尤喜夫 (Yousef) 的《跨文化交际导论》(*Introduction to Intercultural Communication*)。另外，专门讨论文化模式的专著——斯图尔特（Steward）和贝内特（Bennett）的《美国文化模式》(*American Cultural Patterns*)也于这个时期出版。

20世纪70年代，成立了跨文化交际的专业协会。1970年，国际传播协会成立了分支机构——跨文化交际学分会。第一个独立的专业协会"跨文化教育、培训与研究协会"（SIETAR）于1974年正式成立。第一届跨文化交际学国际研讨会于1972年在日本东京举行。

在这个时期，跨文化交际研究领域两个最有影响力的学术期刊相继创刊。*International and Intercultural Communication Annals*（《国际跨文化交际年鉴》）创刊于1974年，*International Journal of Intercultural Relations*（《国际文化关系杂志》）创刊于1977年。这两个专业期刊的创刊推动了跨文化交际的学术研究。

4. 跨文化交际学的成熟

20世纪80年代以后，跨文化交际学作为一个学科逐渐成熟，其标志是各种理论模式的诞生和研究方法的探索。古狄昆斯特（Gudykunst）等学者建构了动态的跨文化交际理论，而理论的建构促进了跨文化交际学科的迅速发展，研究方法的探索使这个学科更加具有科学性。

20世纪80年代，基姆（Kim）与古狄昆斯特合编的《跨文化交际理论：当前视角》(*Intercultural Communication Theory*：*Current Perspectives*)、《跨文化研究方法》(*Methods of Intercultural Research*)，以及阿桑特（Asante）与古狄昆斯特合编的《国际跨文化交际手册》(*Hand book of International and Intercultural Communication*)相继出版，这几本著作集中探讨了跨文化交际学的理论框架和研究方法，为跨文化交际学科的建设和发展做出了贡献，使跨文化交际学逐渐成为一个成熟的学科。

古狄昆斯特曾经总结了跨文化交际的十五种理论。其中比较有影响的理论有不确定性的减步理论、文化身份的协商理论、面子协商理论、归因理论、跨文化交际网络理论、跨文化交际的适应理论、文化尺度理论等。这些理论都为跨文化交际研究提供了理论框架。

贝内特（Bennett）指出跨文化交际学领域主要存在着两个学派：一个是理论—理论学派，侧重跨文化交际学的理论研究，主要研究阵地是传播学；另一个是理论—实践学派，主要侧重应用和跨文化训练，如跨文化交际与外语教育、跨文化交际与商务管理等都属于这个学派的研究范围。

第二节　跨文化交际的基本类型

跨文化交际是英语和国际汉语教学中的重要环节。语言根植于文化，文化反映出不同地域人的风俗习惯和思维方式、价值观念等信息，语言学习必然涉及地域文化，而交际用语是地域文化的重要组成部分。

跨文化交际分为语言和非语言两种。本节将在中西文化对比的基础上，对比中西交际中语言和非语言的差异，使学习者能立足全球，多角度地理解各个地域的交际方式。

一、语言交际

作为交际的工具的语言交际承载着文化内涵，是跨文化交际的首要途径。语言具有民族性和时代性特征。人认识周围世界的方式被语言的类别所限制，蕴含特定文化内涵的语言的意义是不同的，我们在运用语言的时候应遵守一定的规范。

对英语教师来说，理解语言与文化的关系，理解语言交际的跨文化差异，就显得格外重要，我们主要讨论的内容有三点：一是萨丕尔—沃尔夫假说（语言相对论），二是语言与文化，三是交际与文化。

（一）萨丕尔—沃尔夫假说

文化影响语言，语言表现文化，这个观点一般人都会认可并接受。

语言学家萨丕尔（Sapir）和沃尔夫（Whorf）在这一领域迈出了重要的一步。在他们看来，语言不仅仅表现为文化形态，与此同时，语言结构也在一定程度上或者完全决定了一个人的世界观。他们认为，语言是由词汇构成的一种符号系统，而这种符号系统与其他任何符号一样都有一个确定的定义。以上都是萨丕尔和沃尔夫在未经证实的情况下提出的观点，所以称为"萨丕尔—沃尔夫假说"。

萨丕尔不仅是美国非常杰出的人类学家，还是一位非常有名的语言学家，他的老师博厄斯在人类学和语言学等方面成果斐然。

沃尔夫的一生可谓经历丰富。沃尔夫原为麻省理工学院化学专业学生，结束学业后在某火灾保险公司工作，工作内容是对工业火灾、爆炸原因进行专项调查。他对考古学感兴趣，后来成为一名考古学家，并从事过许多有关古器物学方面的工作。尽管他没有接受过语言学或者人类学的专业培训，但是他后来开始从事语言研究。他曾是萨丕尔的学生，在萨丕尔担任耶鲁大学教授的时候，选修了萨丕尔的印第安语言课程，并深受影响、获益匪浅。

沃尔夫对萨丕尔的学术理论颇为赞同，并在其基础上做了拓展延续。他认为，每一种语言的语言系统或者其语法都不只是用来表达思想并使其重现的一种手段，其实语言是人的一种思维活动，人通过分析各种印象、综合思想感受的过程让思想成型。我们对语言进行研究，就是要了解这个系统如何运作。我们按照自己语言指定的道路去解剖自然界。在这种情况下，事物被分解为一系列彼此独立又相互联系的部分——对象、关系和状态。因此，我们能够把一切东西都看作一个整体。我们抽离现象世界的类别和范畴，世界就像个万花筒，呈现着种种感受和印象，这一切都要靠思维去整理，也可以说，被我们脑海中的语言系统组织起来。

因为萨丕尔和沃尔夫主修的目的语是印第安语言，所以他们的假说是以印第安语言为研究对象，建立在这个基础上总结的理论。语言具有民族性和时代性特征。例如，英语中有单数和复数之分，但是，在纳瓦霍语中不存在名词的单复数，还不分“他或她”。这种差别是由语言系统内存在着的不同类型词汇以及它们之间复杂的语义关系造成的。又例如，英语的白、黑、红、蓝、绿五种颜色在纳瓦霍语中也有不同的区分，黑色分为两类，蓝色和绿色具有相同属性。根据萨丕尔—沃尔夫假设，每一种语言均有其结构和语义范畴，这些类别因具有能动的性质，可用于分析和分类平常的事物。在这里所讨论的语言中，在一些基本范畴之外，还存在着许多特殊类型的概念，它们不仅具有一般的词汇特征，还有着各自特有的语法功能和使用范围。对这些特有的类别加以考察，便可能进入这种语言使用者的思维世界，以便获取有意义的资讯。

有很多人都支持萨丕尔—沃尔夫假说，但是，学者盖尔·罗宾逊（Gale Robinson）持有不同意见。在她看来，假说没有被验证是值得商榷的。

①不同人即便使用相同的语言，他们在观察世界时也具有不同的角度和看法。所以，只从这些语言素材中很难得出结论。

②也是最重要的一点，我们不能直接确认人们在观察上的差异是由语言的不同而造成的。这个问题与先有鸡还是先有蛋这个问题有异曲同工之妙。在对颜色观察进行了研究之后，我们不能把颜色和颜色词汇看成是完全独立的两个概念。事实上，即使某一特定语言的使用者在他们的语言中不存在区别某些颜色的词汇，但是，他们还是可以清楚区分颜色的不同。

中国学者陈原对萨丕尔—沃尔夫假说进行了深层次研究，最终发表了著作《社会语言学：关于若干理论问题的初步探索》[①]。他并不支持萨丕尔—沃尔夫假说，他认为其观点与唯物史观是相悖的，也与现实的社会生活不符。我们对语言进行研究，就是要了解这个系统如何运作。这个假说也存在缺陷，并不能解释许多语言学家提出的问题。

（二）语言与文化

越来越多的人发现：只了解语言的语音、语法和词汇，对语言的文化意义全然不知，是绝对不会有流畅的交际的。

1. 不同文化语境下的词义差异

从语言素材和文化的联系来看，语音与文化的联系最不可分离，语法随后，而语音与文化的联系不可分离的最直接表现就是词汇。

（1）一般词汇和文化词汇

将一些文化内涵非常饱满的词汇找出来对其重点分析和探讨，这对于教学，尤其是对外汉语教学绝对有好处。但是，如果把这些分离之后的词统一叫作"文化词汇"，则常常会给人这样的印象：即它们并非一般词汇，而是完全不同的另一类词汇。其实，不单单"红、黄、竹、梅"为一般词汇，"龙、凤"等也是一般词汇，它们涵盖其他一般词汇拥有的部分特征。

对于这类词比较有效的应对措施为从词义入手。

（2）词的指示意义和隐含意义

在词汇意义方面，我们认为，一般作"指示意义"和"隐含意义"的辨别。

---

① 陈原. 社会语言学. 北京：商务印书馆，2000.

我们以英语中的 politician 为例进行简单介绍。

① politician 的指示意义。在英语里面，politician 的指示意义一般是"从事政治，关心政治，特别是以政治为生命的人"。

② politician 的隐含意义。它的隐含意义通常为"不讲原则，当面一套，背后一套，能言善辩，言而无信"。

（3）词的概念意义和内涵意义

在进行跨文化交际活动里面，不单单要对词的概念意义等方面进行重视，更要在任何时候对词的内涵意义加以重视。

在不同的语言之间往往会有几种不一样的状况:（两种语言分别以 A、B 代替）。

① A、B 概念意义完全一样，内涵意义一样或基本一样。属于该情况的词汇就英语和汉语而言数量相对较少，下面举几个简单例子说明:

第一,fox 与"狐狸"。fox 与"狐狸"不单单概念意义一样,内涵意义也一样,都涵盖了"狡猾"的意义。

第二，pig 与"猪"。pig 与"猪"在概念方面代表相同的动物。pig 在英语中用于指人时，有"肮脏""惹人厌"等意义，"猪"在汉语中也有类似的含义。

第三，"松"。在汉语里面，"松"四季常绿，常用"松"代表坚毅高洁的崇高品质。与汉语相同，日语里面也有"岁寒知松柏"的诗句。

② A、B 概念意义完全一样，内涵意义有差异。该情况是指或许 A 语言的内涵意义大于或小于 B 语言，或者两种语言的内涵意义完全不一样甚至相互对立。

以"红"（red）为例，在中国的历史上，各个朝代都倡导或者崇尚某种色彩。例如，青色在夏朝备受推崇，商朝崇尚的颜色为白色，到了秦朝则以黑为贵；被最长久推崇的颜色是红色，涉及周朝、汉代、隋朝、唐代、宋代、元代、明代、清代。从《诗经》到现在的现代汉语词典中，"红色"都被作为褒义词来使用。人们常常用红色来表征"快乐"，体现在语言的运用上，以"红"为语素的词语通常有繁荣发达的意思。在英语中，red 不涵盖汉语中"红"拥有的文化内涵，仅仅在 red carpet treatment（用红地毯接待，意为给予贵宾式的待遇）中就寓意对荣华富贵的客人表示尊敬和很大意义上的欢迎。

③ A、B 概念意义完全一样，A 存在内涵意义，B 没有内涵意义。下面分别对几个不同词汇进行说明：

第一，松和柏。

在汉语中，松和柏四季常青，树龄可长达千年，所以用来表示长寿，陵墓地多种松树和柏树。

而与松柏相对应的英语词汇 pine（松）和 cypress（柏）并不涵盖上面提到的相应内涵意义。

第二，鹤。鹤又称为"仙鹤"，用以表示长寿。很多人以"鹤年"为名，希望可以达到长寿的目的。

与鹤相对应的英语词汇 crane 并没有上面提到的相应内涵意义。

第三，桃。桃也有长寿的意义，与桃相对应的英语词汇 peach 缺乏这个意义。

把以上说的、充满文化内涵的普通词汇排除在外，还有部分专有名词来自文学典籍，涵盖非常深的内涵。汉语里面这样的词汇非常多，这些名字所代表的人物源于人们知晓的文学著作，各人物都有着非常多且有趣的故事。

下面列出几个简单的名字给大家作参照：唐僧、孙悟空；林黛玉、薛宝钗；关羽、诸葛亮。

但是，对于不了解中国古典文学作品的人而言，这些词汇不会引起同样的联想。

2. 不同文化语境下的语义差异

在进行交际的时候，人们必须遵循所使用语言的系统规则，注意语音、语法和词汇的使用情境，否则容易产生很多误会和矛盾，对交际双方的关系产生不利影响。如果能够掌握了交际的技巧和方法，那么我们不仅可以提高自己的外语能力，还能使交际更加顺利。但是，只懂语音、语法和词汇也无法确保交流能够流畅进行。

人们在实践中运用语言也有一套语用的标准。这个标准是说话者为了达到特定目的而选择的言语行为准则或依据。有的学者把它叫作"讲话标准"。它是由一些具体准则组成，它们对言语行为有特定要求和制约作用。这些准则涉及如何称呼交谈对象，如何相见问候、分手告别等。人们往往会忽略这一系列的问题，但是，伴随着近年来社会语言学的发展和演变，越来越多的人开始理解语用标准的关键意义。

（三）交际与文化

这里将对交往过程中所涉及的中西方言语交际规则和言语交际行为的差异进行探讨。

1. 不同文化环境中的礼貌原则

中国社会通常被认为是一个以群体为主要取向的社会。在西方，人们追求自我实现、个人奋斗，高度重视个人权利、个人隐私，强调各展其才。从这个意义上讲，中国社会中作为"礼"的衍生物——礼貌原则，与西方的礼貌原则有着本质上的差别。

中国文化具有"他人取向"（other-oriented）文化，"卑己"是为了尊人。那么，中国人的"卑己"和西方人的"贬己"是否有相同之处呢？在很多场合中，二者的内涵相去甚远。因此，在东西方人交往时造成的笑话也很多。举个例子，说的是因为西方人不清楚中国人的自谦语"哪里，哪里，"结果产生笑料。当一个西方人被邀参加一对中国人的婚礼的时候，他非常礼貌地赞美新娘年轻貌美。新郎代新娘谦虚道："哪里，哪里！"。这个西方人听了不禁感叹：没料到模糊地赞美中国人还不行，一定得举例说明。接下来，他使用并不流利的中国话说道："头发、眉毛、眼睛、耳朵、鼻子和嘴巴，都漂亮！"结果惹得大家哈哈大笑。

2. 不同文化环境中的交际行为

言语行为主要表示人们经由言语所实现的行为，如人们在日常生活中你对我、我对你的称呼、问候等。

站在语言学或交际学的立场来说，言语行为是开展交际活动时最小的单位，是更大单位——交际脉络的构成要素。人们在进行交际活动时所有的言语行为会由于不同而出现差异。

展开或实现某项言语行为是一个与交际双方、你和我之间协商的过程，这一过程一定得视详尽的环境等而定。不同社会、同一社会的不同群体或言语社团在问候、道歉等不少言语行为方面都存在非常不一样且有新意的表达方式，即便是跟它一样的环境和一样的社会功能，不同文化所使用的言语行为的语句及行为有时候完全相异，所使用的方法有时候也差得很大。

下面我们对中西方"称呼""请求""拒绝""道歉""恭维""感谢"等展开对比。

（1）称呼

称呼语是一般的人际交往里面常常出现的人与人之间进行交流的关系信号，最能明显地表现出言者双方的一定社会关系与一定的社会地位。见面时给予恰如其分的称呼不单单对双方进行更深接触有帮助，还可以提升双方的友谊度和了解度。

但是，由于社会脉络、血缘关系和文化取向等的不同，中西方在称呼语系统和称呼语的使用等方面仍然有着不小的差异。

中国有重等级和伦理的传统，中国人自古以来就将家庭关系和长幼区分放在社会关系的重要地位。道德礼仪、社会结构、血缘关联和家族宗法等都对人们的称呼方式构成了深刻的影响。汉语中的亲属称谓系统在所有语言中可以算是最复杂的一类：包括亲属称呼系统和非亲属称呼系统，每个系统都有丰富的称呼词语。例如，亲属称呼系统中平辈的有"哥哥、姐姐、弟弟、妹妹、嫂子、姐夫、弟妹、妹夫、堂哥、堂姐、表哥、表姐"等，比自己长一辈的有"爸爸、妈妈、伯伯、伯母、叔叔、婶婶、姑姑、姑父、舅舅、舅妈、阿姨、姨夫"等，长两辈的有"爷爷、奶奶、姥姥、姥爷"等，长三辈的有"曾祖父、曾祖母"。亲属称呼有时还根据排行冠以数字，如"二叔、三姑、二舅、三姐、四弟"等，而在家中排行最大的被称为"大舅、大哥、大姐"等。与此不同，在英美家庭中，无论是父亲的父亲，还是母亲的父亲，都称为"grandpa"，同样，无论是父亲的母亲，还是母亲的母亲，都称为"grandma"；在亲属中，与父母平辈的男性都称为"uncle"，女性都称为"aunt"；与中国人明显不同的是，在西方国家，同辈的兄弟姐妹之间基本互相直呼其名，即使对兄长和姐姐也可以这样做，并不会被认为是粗鲁的，甚至对于父母辈的亲属，如果年龄相差不大，也可以直接称呼名字。

汉语非亲属称呼系统中主要有以下几种称呼类型（前面带姓不带姓都可）：

①按职衔称呼，如"（李）局长、（江）主席、（张）经理、（王）主任"等。

②按职称称呼（部分），如"（杨）教授、（李）工程师"等。

③按工作称呼（部分），如"（陈）大夫、（刘）司机、（徐）警官"等。

④按年龄称呼，平时用"老"和"小"加上姓氏来称呼某个人就属于此类，如果称呼的对象年龄较长，跟自己的关系又比较亲近，则可以称呼"老"，如"老刘""老张"；如果称呼的对象是明显更年轻的人，则无论是否非常亲近，都可以"小"称之，如"小韩""小李"。另外，一些亲属称呼（事实上称呼的对象不

一定和自己有亲属关系，这样称呼往往只是表达亲热）如（赵）伯伯、（许）大妈、（张）大哥等。

⑤泛称，如"（王）同志、（刘）师傅、（邓）先生、（李）女士"等。例如，我们可以说"主任，有人找您。""张老师，这是我的作业？""师傅，请问团结路怎么走？"等。

英语中有时也用职务称呼人，但只限于对高级官员，如总统、总理、部长等；对教会人员，如神父、修女等；对一些专业人员，如医生、教授、博士、船长、军队将领等，称呼时一般使用"头衔＋姓"的方式。例如，我们可以说"President（Bush）或 Mr.President""Mother/Sister（Teresa）""Doctor/Professor/Captain（Smith）"等。

除此之外，正式的称呼用语还包括"Mr./Mrs./Miss/Ms.+LN（last name）"，其中，Mr. 可用于所有的成年男子，Mrs. 仅用于已婚女子，Miss 用于未婚女子，Ms. 可用于已婚或未婚女子。

（2）请求

由于受传统文化和差序格局的影响，中国人实施"请求"行为的语句要么过于"直接"，要么过于"间接"，常会以"暗示"方式请求别人做事情。在中国社会中，地位较高者向地位较低者、年长者对年轻者要求做某事常被认为是"名正言顺"的，地位低者或年轻人满足地位高者或年长者的要求也常被认为是合情合理的，因此，无须"间接"或"婉转"。例如，总裁可能会对秘书说"小张，把这份材料给我复印一下"，爸爸也可能对儿子说"儿子，去给爸买包烟"。当"平等性"关系（solidarity）或圈里人（in-group）之间相互请求时，也常常直截了当，如同学之间或朋友之间，这可能是因为圈里人相互关系亲近，在很多方面有所共享，而且把为别人做事当作自己应尽的义务和责任的缘故。"直接式"请求往往以祈使句的结构形式实现，如"过来一下！""快！把酒打开！""帮个忙！"中国人过于"直接"的请求行为可能会使西方人感到过于突兀，不礼貌。

说话人在请求之前，可能会尽力为其请求建立一个情景框架，使其请求听起来合理，并使对方有一个思想准备。例如，要向领导或老师请假，一般不会直接说"主任／老师，我想请假"，而可能会说"主任／老师，我今天头特别疼"或者"我们家有点急事"。但是，过于间接的请求方式可能会使美国人感到十分茫然，不解说话者之意，甚至会认为说话者要达到什么不可告人的目的。

西方人在请求别人做事情时，经常使用不同的间接式言语行为来表示礼貌和文明，直接和间接的程度主要受制于被请求者和请求者的社会地位、熟悉程度、年龄、性别，以及请求内容或行为的难易程度，被请求者的社会地位越高、年龄越大、涉及的内容越特殊，间接或暗示的程度就越大。另外，"请求"行为的直接或间接程度还受环境、场合、交际双方的身体距离、气氛等因素的影响。在西方，人们多用句法结构的变化来实现其请求，或依赖语句的言外之意来达到请求的目的，例如，要借别人的笔，按直接或间接程度的不同，可以说"Give me a pen."（给我一支钢笔。）"Lend me a pen, please."（请借给我一支钢笔。）"Would you please lend me a pen."（你能借给我一支钢笔吗？）"I'm sorry to bother you, but can I ask you for a pen?（很抱歉打扰你，我可以向您要支钢笔吗？）"等。

中国人与美国人在展开请求言语行为的时候，可能不那么直接，不过理由有所不同。

中国人是基于传统的思维方式，以及他人或群体取向的影响和面子上的考虑而进行请求活动的，基本会不损害自己也不伤害对方的面子；而西方人的行为与个人取向有非常紧密的联系，他们在向他人表示请求的时候，如果能委婉就委婉一些，如果能不给对方一个"强加"的感觉就不给。

（3）拒绝

"拒绝"言语行为基本上是离不开"请求""建议"等言语行为来展开的。

影响汉语"拒绝"行为的社会因素基本上是社会地位这一点，地位较低者在拒绝地位较高者的请求、建议等言语行为时习惯用"道歉"或"遗憾"语，但是地位较高者在拒绝地位较低者时一般不使用该类语句。

由于受"平等"或"平行"的人际关系取向的作用，西方人对社会地位高的人不是特别敏感，反而会对地位有没有平等特别的关心。如果交际双方的社会地位不一样，那么一个人在拒绝他人请求、建议等时会用"道歉"或"遗憾"语，地位平等的人也是这样的。在关系相对明朗，如亲密朋友或社会地位距离较大的人们之间，美国人习惯于使用"refuse"或"No"等较为直接的形式；而在关系不是非常明确，即地位较为接近、平等或熟悉的人之间，如同学、同事之间，人们会尽可能地使用相对直接来说比较间接的拒绝。

综上，东方在"拒绝"语的使用方面和西方（尤其美国）的差异主要为：东方对社会地位的敏感性比西方要高，而对西方而言，关键点在于怎样经由拒绝语协同一个"平等"地位。

（4）道歉

一般来看，道歉是言语交际里面的补救类言语行为，也属于一种礼貌的社会行为。交际者在触及对方的面子的情况下，一定得向对方表示道歉，合理的道歉方式能够保证双方和谐的人际关系进行下去，实现最终交际目的。

道歉并不仅仅包括"对不起""不好意思"等，而是全部从功能上起道歉作用的话语。中西道歉言语行为在使用的频次、社会功能等方面全部都不一样。

中国文化对集体和谐非常在意，会对"集体主义"进行重点说明。所以，人们常使用预防方式尽量不让矛盾出现，习惯于"化干戈为玉帛"。在很多人面前否定别人的看法或不同意其观点在不少人看来是不好的行为，激烈的冲突还可能对双方的面子有所损害。降低了矛盾，人们的交往也就减轻了对抗度；不随意污蔑别人，道歉次数自然也不会很高。而西方文化非常在意对个人意见的表达，对"个人主义"十分提倡，适当程度的冲突被认为是良好的行为。为了保住"个人"的面子，人们能够争吵起来或争斗起来，一直有矛盾，也就免不了冒犯对方。所以，道歉次数自然不低。

另外，西方社会对个人的区域、时间及其他隐私尤其看重。例如，在人非常多的公共汽车上或者百货大楼里不经意间撞到了其他人，西方人会去道歉，这是由于"碰撞"被他们看作是一种较为明显的、对个人区域的侵犯。

传统的中国社会以保证上尊下卑的秩序为核心，上级或长辈如果对下级或晚辈有轻微冒犯行为，通常并不需要道歉。

中国文化既重点说明尊卑等级，又对内外疏密有别非常在意。人们对陌生人或关系较为疏远的人常会很客气，关系越远，礼貌程度越高，显性道歉（即直接说"对不起"或"很抱歉"）的频率也就越高；而于关系亲密的朋友和亲人之间，小的冒犯通常不需要道歉，如果过于礼貌则反而会被认为太过见外，让对方觉得很不舒服。在以个人主义取向为主的西方文化里面，所有人都被看成是独立、自主、平等的个体，涵盖家人、朋友和陌生人。因此，无论被冒犯者是陌生人，还是朋友家人，全需要直接表示道歉，说一声"Sorry"（对不起）。

二、非语言交际

（一）非语言交际的概念

1. 定义

对于非语言交际的定义我们不打算在此进行深入的探究，在此我们会将部分定义作简单的说明。

拉里·萨莫瓦尔与理查德·波特（Richard Porter）对非语言交际所下的定义为：非语言交际包括在交际的环境中人为的和环境产生的对于传播者或受传者含有潜在信息的所有的刺激。

定义强调了以下几点：

①非语言交际发生在交际行为中涵盖进行交际的双方。换言之，并非所有动作全是非语言交际，如一个人单个跳舞时摇曳身姿不能算作非语言交际；一个人出席一个舞会，跟着别人和音乐开始跳舞，则是在展开非语言交际。

②非语言交际可以是有意识的，也可以是无意识的。例如，汽车上人非常多，导致乘客双方彼此距离减小，这是无意识的，但这种拥挤现象却导致了人们彼此的非语言交际。

③无论是哪一类非语言交际，都会涵盖一定的潜在信息。

2. 特点与影响

依照洛雷塔·A.马兰德罗（Loretta A. Malandro）与拉里·巴克（Larry·Baker）的研究，非语言交际和语言交际的区别主要有五点。

①语言交际是在语法标准上衍生的，有严谨的脉络，而非语言交际却缺乏正式的标准和模式，缺乏固定的脉络。所以，要合理地把握非语言交际行为，一定得综合分析具体的情况。

②语言交际使用特定的符号，而非语言交际却缺乏一套含有确定意义的符号。英语使用 26 个字母与用字母组成的词，字母与词是对概念予以表达的相关符号。汉字为汉语的表意符号，含有非常确定的含义。在非语言交际里面，虽然也有很多跟它一样的符号表意方式，不过，并非每个动作都会有确切的意义。

③语言交际在交谈的时候展开，在结束交谈的时候终止，交谈通常为不连续的。所以，语言交际是时断时续的非语言交际。与此有差异，非语言交际是连续

性的。一个人迈入一个房间，不管说他（她）是否能自己感觉得到，全在不停地展开非语言交际。他（她）的衣着、行为等全在不停地传达一些信息。

④语言是学习学出来的，而并非生下来就知道。非语言交际的方式一方面为人类的本能，如喜、怒；另一方面则是后天习得的，后来通过学习学到的，如部分手势、服饰和对时间和空间的感觉等。

⑤站在神经生理学的立场而言，在进行语言交际与非语言交际的过程中使用的大脑"半球"有差异。现在的研究基本能够证明，在进行语言交际时，大脑的左半球在展开工作，负责应对各种各样的语言刺激，进行信息分析和推理。而非语言刺激，如空间的、画面的信息常常得依靠大脑的右半球进行应对。

（二）非语言的交际行为

非语言的交际行为包括肢体语言、服饰表情、空间距离和时间观念等，通过对东西方这些差异的阐述，使我们能在不同文化语境下表现得体，也能使我们懂得包容和尊重。

1. 体态语言

体态语言包括人的肢体动作、表情眼神和服饰打扮等方面，下文将分别阐述这几个方面在中西方文化中的差异：

（1）服装与外形

人们的外貌服饰参与了交际，是非语言交际的一部分。中国有谚语说："人在衣裳马在鞍。"英语中也有类似的谚语：By the husk you may judge the nut.（观其壳可知其核。）人们往往通过外貌和衣着打扮来判断一个人的职业、受教育程度、社会地位和审美品位。

人们在跨文化交际中有"以貌取人"的倾向。衣着打扮得体会给别人留下美好的印象，使交际更加愉快和顺畅；衣着打扮不得体会给自己带来尴尬，甚至对别人造成冒犯。

①穿衣方式。人们的穿衣方式受文化的影响，在一定程度上反映了其所在文化的价值观和审美观。

很多西方国家的女性都推崇穿着自由，认为修身的衣物能显示自己的身体美，服装有意露出肩部、腰部、腿部等处或凸显身体曲线，都是设计感的体现，从中可以看出西方国家推崇人体自然美、追求个性表达、展现自由价值的观念。

但是，在很多中东国家，女性显露身体是不合礼仪的。受到宗教观念的影响，男女都应该穿遮蔽身体的长袍，而且不可以刻意显露身体轮廓，女子还要戴面纱，不能让陌生男性轻易看清自己的容貌。在一些礼法严格的国家，甚至首饰也是不能暴露的。

②佩戴首饰和化妆。是否和如何佩戴首饰和化妆也体现了一定的文化差异。

第一，佩戴首饰。西方国家女性喜欢佩戴首饰，特别注重饰品与衣服的搭配，对饰品款式的要求多于对品质的要求，目的是突出个性特征。

另外，在大多数西方国家，已婚男女一般都戴结婚戒指，一方面表明自己的已婚身份和对婚姻的忠诚，另一方面也避免社交中的误会和尴尬。中国大多数已婚人士并不习惯于戴婚戒，男性戴戒指的就更少了。在国外工作的时候，中国的已婚教师可能会因为不戴婚戒而引起别人的误会。因此，中国教师要注意中外文化在佩戴首饰方面的差异，避免引起跨文化交往中的误会。

第二，化妆。在化妆方面，中国文化强调内在美和含蓄美。相比之下，西方和其他很多国家的女性一般妆化得比较浓重。大多数留学生会认为女教师最好化妆，因为这样一方面会让其更有自信，给别人留下美好印象，另一方面也体现了对他人的重视和尊重。同时，留学生也认为，女教师化淡妆比较得体，浓妆艳抹会分散学生的注意力。

个人卫生习惯是比较容易引起跨文化误解的一个方面。虽然一个人每天是否洗澡和换衣服与个人生活习惯和物质环境有关，但是，在某种程度上，这也反映了文化价值观。

英语中有这样的谚语："Cleanness is next to godliness."（整洁仅次于圣洁。）

中国文化讲求含蓄和内敛，重视人的内在美德。如果一个人特别是男性每天都换衣服，往往会给人留下浅薄和炫耀的不好印象。但是，这样的穿衣习惯会引起外国学生的误解，给他们留下中国教师不修边幅的负面印象其实中国人这样做也有文化的原因。

（2）表情语言

面部表情往往是人的内心情感的自然流露。在交际中，人们最初会通过对方的面部表情判断其真实情感和意图。在跨文化交际中，我们发现，在有些文化中，人们的面部表情比较丰富，喜怒哀乐溢于言表；而在另一些文化中，人们的面部表情比较含蓄、平和，从面部表情较难看出其内心的感受。

一般来说，拉美国家和阿拉伯国家的人们在日常交流中，会更直接地通过面部表情来表达感受。在西班牙、意大利之类的南欧国家，男性会在公开场合哭泣，这是真性情的流露。阿拉伯国家的人习惯用丰富的面部表情协助交流，情感的流露可能会让其他国家的人感到有些夸张。相比之下，东亚国家的人，特别是男性，表情比较平静和严肃，不苟言笑。中国人平静含蓄的表情经常给西方人留下一种"不可捉摸"（inscrutable）的印象，英语中"inscrutable"这个词的本义就是"因为面部没有表情，别人无法知道他的想法和感受"。

如何运用面部表情，体现了不同文化对于情感流露的不同理解。日本人认为，一个有教养的人应该在大众面前妥善地控制自己的情绪，尤其不能让悲哀、愤怒、兴奋、恋慕之类强烈的感情外显在神态和言行上。收敛平和、喜怒不形于色的人会被认为是成熟且值得尊重的。韩国人认为，微笑太多会显得这个人浅薄、轻浮。中国人认为，悲伤的情绪不能过分外显，人在公开场合显露伤感的神色乃至流泪是不合理的，不仅会影响他人的感受，还会显得其自控力和承受力不足，以及心理素质较差；尤其成年男性，轻易流泪是有失尊严的。或者说，在强调集体与社会的文化中，人们都被要求遏制情感表达，尤其负面情感，当众显露消极的情感对他人的体验和尊严是一种打击，所以，东亚国家的人大部分提倡在公开场合举止端正平静，措辞委婉而不具有过重的感情色彩，不能因个人的悲喜影响大众的礼仪体验。

微笑是人类非常常见的一种面部表情，也是最容易引起跨文化交际误解的一种表情。微笑通常表示快乐和友好。

在亚洲文化中，微笑还有一些其他的含义，既可以表示愉快和欣赏，也可以表示害羞、尴尬、生气、抱歉、拒绝、否定等含义。

与其他文化不同的是，在日本，微笑不一定是正面感情的表达，还有可能是为了礼仪形象而隐藏内心的悲伤。

亚洲学生在西方课堂上有时会用微笑来回应教师的提问，这会让西方教师感到很困惑。西方教师以为微笑表示有意愿回答问题，可是亚洲学生并不想回答问题，而只是微笑。亚洲学生在这种情况下的微笑可能有两种含义：一是不知道怎么回答，用微笑表示拒绝；二是不好意思在大家面前说话，用微笑表示害羞。如果西方教师不理解微笑的这些特殊含义，就有可能产生误会。

微笑的使用对象和场合也体现了文化的差异。在东亚国家，人们较少对陌生人微笑，对陌生的异性微笑更为少见。如果男性对一个陌生的女孩微笑，就可能会被认为是不怀好意。而年轻的女子对陌生男性微笑，则会被认为可能有一些轻浮。德国人也只对认识和熟悉的人微笑。但是，在美国，人们完全可以接受陌生人在路上向自己点头或微笑示意，直接打招呼也没有问题，因为人们认为这些是友好的表示，特别是在一些乡村或偏远的城镇。

亚洲人较少对陌生人微笑的习惯与价值观有一定的关系。在集体主义文化中，人们比较强调圈内与圈外的区别，对熟悉的人和陌生人往往采用不同的交际方式。另外，权力距离也会影响微笑的行为。在权力距离比较大的文化中，下级对上级的微笑要多于上级对下级的微笑；而在比较讲求平等的文化中，则没有这种区别。

（3）眼神

人们常说，眼睛是心灵的窗户。眼神的交流可以传达出人们内心的情感，以及对别人的态度。对于眼神交流，不同的文化有不同的做法。眼神的直接交流在一种文化中可能被看作是礼貌的行为，但在另一种文化中则可能被认为是不敬和冒犯。

在大多数西方人看来，在交谈时直视对方的眼睛是感兴趣、诚实和自信的表现，眼神游离会被认为是不专注或者不真诚的表现。阿拉伯人在讲话的时候也会直视对方的眼睛，以示尊敬。但是，在东亚和拉美的一些国家，在交谈中直视对方的眼睛是一种不敬，特别是当下级对上级、晚辈对长辈说话的时候，俯首低眉、不直视对方的眼睛才是恭敬的表现。

眼神注视的时间长短也有差异。日本人把长时间注视别人看作是一种无礼和不敬的行为。而在阿拉伯国家，男性之间可以保持长时间的注视，这在很多场合中都是必要的礼仪。在阿拉伯地区的传统观念中，"注视"是"尊重"或"理解"的意思，只有在他人讲话时注视对方，才表示听话者在认真聆听讲话内容，并给对方以"有兴趣"的暗示，恰当时机的眼神交流还能够表达听话者对对方真实意图的领会。

同样属于西方文化，有的学者观察到德国人的注视时间要长于美国人。有些美国人曾表达过这样的感受：在与德国人谈话时，对方习惯直视自己的眼睛，这让自己觉得有些不妥。

但是，与阿拉伯人一样，德国人认为只有在谈话中注视对方才能表达自己对交流的兴趣和重视，此外，直视的行为还可以体现自己的坦诚态度。

美国人受到本国传统观念的影响，往往很难接受这种礼仪。

（4）手势

除了面部动作，手势也是日常交际中的一个环节，是最直接的肢体动作。有些手势在全世界范围内都具有类似的表达效果，而有些手势的含义则在不同的文化中有相差甚远甚至完全相反的意义。

在跨文化交际中，手势也是一个需要人们特别注意的细节，为了减少误解甚至是矛盾，人们应当仔细了解不同的手势在不同文化中的特定含义。这并不是一个任何时候都能"想当然"地应付的表达，即使某种手势似乎是自然而然、全体公认的正面或中性意味动作，也不见得能被所有的文化环境所接受，尤其是一些人们了解较少的文化。

①竖起大拇指在中国文化中意味着"很棒"，在美国文化中表示"没问题"，在日本文化中代表"男人""您的父亲"。但是，在阿拉伯文化中，这个手势却是一种侮辱性动作，与美国人伸中指的手势具有相似的含义。

②食指与中指交叉相叠在中国有些地方表示数字"十"，在英语国家一般表示"祈祷幸运""祝好运"。但是，在越南文化中这个手势则是下流的动作。

③大拇指和食指围拢成一个圆圈在不同的文化中也有不同的含义。

在美国表示"OK"的意思，在日本和韩国表示"钱"。在中国，这个手势有时表示"厕所"。而在拉美一些国家，这个手势则是一个下流的动作。

④"V"手势是很多国家的人们都熟悉的一种手势。

在第二次世界大战中，英国首相丘吉尔使用了这个手势，使这个手势迅速流传开来。"V"手势一般表示"胜利"（victory）。但是，如果"V"手势的手心朝内、手背朝外，在英国、澳大利亚、新西兰则是下流的动作，也表示对于权威的轻蔑。

"V"手势后来还有了一个新的含义，表示"和平"（peace），这个含义是在20世纪五六十年代美国民权运动中逐渐形成的。

大多数中国人更熟悉"V"手势表示的"胜利"含义。

2. 时间观念

时间观念是非语言交际的重要维度，也是价值观的一种体现。人们如何看待和使用时间是在特定文化中慢慢习得的，带有文化的特征。

在这里，我们讨论的是使用时间的方式，即日常生活中人们对非正式时间的使用问题，是不同文化的人们看待和处理准时、预约、最后期限等问题的方式的特点。

（1）关于时间的观念

珍惜时间可能是所有文化都具有的价值观。

在英语中人们熟知"时间就是金钱"的比喻，在汉语中也有"一寸光阴一寸金"的谚语，然而不同文化对时间的理解却不尽相同，反映了不同的文化模式和观念。

乔治·莱考夫（George Lakoff）与马克·约翰逊（Mark Johnson）使用以上这个例子分析了英语中关于时间的隐喻，他们认为，在西方文化中，时间被看作是金钱，是一种有价值的商品，是有限的资源，而且时间好像是可以量化的具体东西。因此，以上的英语句子里使用了可导致数量变化的动词来表达时间，具体来看有以下几个点：

① "赠予"（give）。

② "丢失"（lose）。

③ "花费"（spend）。

④ "浪费"（waste）。

⑤ "耗尽"（run out of）。

⑥ "节约"（save）。

⑦ "投资"（invest）。

莱考夫与约翰逊指出，时间的隐喻是文化的体现。西方文化用金钱和商品来比喻时间，说明这种时间观念应该是工业化社会的产物，与效率和竞争等观念相联系。

（2）单时制文化与多时制文化

霍尔根据人们对于非正式时间的使用特点，把世界上的各种文化大致分为单时制文化和多时制文化。

什么是单时制文化？霍尔认为，单时制文化中的"时间是线性的，像一条道路或一根带子，可以切割，可以向前延伸到未来，向后延伸到过去"。在单时制文化中，人们通过计划和预约控制时间，在一段时间里只做一件事，强调准时、预约和最后期限。具有单时制文化特点的国家有北欧、西欧、北美等地区的国家，以及澳大利亚、新西兰等。

在多时制文化中，人们遵守的不是物理时间，而是生理时间。他们不是把时间看成一个线性的东西，而是认为时间是围绕着生活的；他们的生活节奏相对较慢，在同一时间内往往做多件事情；他们的工作常常被打断，计划也经常改变。在多时制文化中，维持人际关系的和谐比严格遵守时间更重要，人们更重视人情而不是计划，以一种综合和灵活的态度看待生活。具有多时制文化特点的国家主要是非洲、西亚、南亚、东南亚以及拉美等地区的国家。

一种文化具有单时制文化还是多时制文化特点与其科技发展和工业化的程度有密切的关系。工业化程度高的国家多具有单时制文化的特点，这是因为现代化工业社会强调精确、准时和效率。传统的农业化国家则大多具有多时制文化的特点。在农业社会中，人们"日出而作，日落而息"，按照自然的节奏生活。在同一种文化中，相对而言，城市人多遵守单时制时间模式，农村人多遵循多时制时间模式。

单时制与多时制的时间观念与文化模式和价值观有一定的联系。一般来说，个体主义文化强调个人的独立和自我实现，大多遵循单时制的模式，北美、西欧、北欧等地区的国家以单时制文化为主，其中，美国是单时制文化的典型代表。集体主义文化强调人际关系的和谐，因此大多具有多时制文化的倾向。非洲国家、拉美国家具有比较明显的多时制文化的特点。东亚国家、南欧和东欧国家则同时具有单时制和多时制文化的一些特点。

单时制文化和多时制文化的划分并不是绝对的，而是某种文化更多地体现出单时制还是多时制时间观念的特点而已。个人的时间观念或倾向会因为场合和环境的不同而变化，有的人会在工作环境中遵循单时制的时间模式，而在私人生活中会运用多时制的时间模式。我们判断一个人或一种文化的时间利用特点时，要充分考虑语境的因素和个体的差异。

另外，单时制文化和多时制文化各有特点，并不能说某种时间模式比另一种模式更优越。单时制和多时制各有利弊，很难说哪种倾向更好。单时制重视计划、讲究效率，多时制可能更灵活、更人性化。

3. 空间距离

空间利用也是非语言交际的重要内容。空间的利用方式体现了特定文化中人际关系的特点，反映了文化的差异。当空间利用方式不同的人们在一起交流的时候，如果不留意则很容易产生跨文化的误解甚至冲突。

（1）个人空间

个人空间是围绕在个体周围的无形的空间。每个人都需要个人空间，一般来说，个体面对别人的个人空间要在受到邀请后才可以进入，否则就是一种冒犯。个人空间的大小取决于一个人与周围人的关系以及这个人心情、文化背景及其所进行的活动。

个人空间的大小与文化有密切关系，特别是与"隐私"观念有关。西方文化非常强调个人的隐私，在他们看来，个人空间就是隐私的一部分。英语谚语"A man's home is his castle."（一个人的家就是他的城堡。）就反映了西方文化对个人领域的重视。

西方人对个人空间非常敏感，对侵入个人空间的行为也会反应强烈。西方人站在电梯里一般都身体挺直、表情严肃，表现出当个人空间被占领时的紧张和警觉。他们从别人身边走过一定要说"excuse me"，表达对占用别人个人空间的歉意。一个人进入别人个人空间有时甚至还会引发冲突和严重误会。

德国人把属于个人的空间看作是自我的延续。德国人的自我意识非常强，他们会采用一切方式来维护私人的空间。德国办公室的门又厚又重，而且在人们工作的时候总是紧闭的。

美国人在工作时一般都敞开着门，这意味着他的办公室是公共空间，欢迎别人进入；如果在工作时关着门，则表示这是个人空间，不希望别人打扰。

西方人的个人空间概念还延伸到其他方面。西方的家长一般不随便查阅孩子的日记和书信，否则会引起孩子的反感，认为侵犯了他们的个人隐私。客人来访一般也不会随便翻阅办公室或客厅里的书刊和照片，表现出对他人隐私的尊重。

在法国，使用别人家的卫生间被认为是一件不礼貌的事情，至少是一件尴尬的事情。因此，客人要事先询问："我可以使用你家的卫生间吗？"

中国人的个人空间观念不像西方人那么强烈，对占用他人的个人空间也不是很敏感。在中国，办公室的门一般是关着的，同事之间一般简单敲门或不需要敲门即可进入。在家庭中，每个房间的门都是敞开着的。大部分中国人认为，家庭成员之间没有隐私，放在客厅或办公室桌子上的照片或书籍也不是什么秘密的东西。这些想法可能会导致中国人在与西方人交往时产生误解，会被西方人误认为没有礼貌。

（2）人体距离

人体距离也是空间利用的一个重要维度，具有跨文化方面的差异。霍尔曾经把北美人的谈话距离分为四种情况。

①亲密距离：0.45米以内表示亲密关系，是家人、恋人和亲密朋友之间的距离。在这种距离中，人们常常有身体的接触。

②私人距离：0.45～1.22米表示友好关系，适合熟人或一般朋友之间的谈话。在这种距离中，人们用平常的音量说话，很少有身体上的接触。

③社会距离：1.22～3.66米表示社交关系，适合商务或一般社会交往场合，是不熟悉的人之间的距离。

④公共距离：3.66米以上表示疏远关系，适合讲课、演说、表演等公共场所的活动，或者与社会地位高的人见面等正式场合。

霍尔提出的这种人体距离的标准并不适用于所有的文化。美国人在非正式聚会上，两个普通朋友的谈话距离一般为高个子的一条手臂的长度，大约是0.9米，过近或过远都会有不同的含义或解释。如果异性之间的谈话距离比这个近，就会让人以为两个谈话者是更亲密的关系或者是一种冒犯。

试想，如果一位拉美国家的女性与一位美国男性谈话时的距离是0.6米，不同文化的人对他们之间的关系就会有不同的解读：美国人会感觉他们之间是亲密的关系，而拉美人可能认为他们只是一般的朋友。

在不同的文化中，人们普遍习惯和接受的物理交流距离都不同，这体现了不同文化下的价值观。在一些推崇个体主义的国家，人们倾向于在对话中适当拉开物理距离。在这类文化中，每个人都应该获得独立空间，如果这一空间有别人进入，就会构成不同程度的侵扰，本人有权利敏感地对待，美国、加拿大、英国、德国、部分北欧国家、澳大利亚的文化都属于此类文化。而在推崇集体主义的国家，人们认为个体是依托集体生活的，应该注意维护集体的尊严，并对他人给予足够的信任和尊重；属于同一群体的成员彼此之间不该有过于强烈的距离感，无论是在生活中，还是在休闲娱乐与工作中，都应该以拉近距离的方式表达亲近。根据布罗斯纳安（Brosnahan）的观察，中国人的谈话距离比英美人的要近。阿拉伯国家和拉美国家的文化也属于人体距离比较近的文化。

地理环境是影响人体距离的一个重要因素。在国土辽阔、人口密度小的国家中，人们的平均空间较大，人体距离也就比较远。中国人口众多，特别是大城市人口密度大，人们对于拥挤的容忍度比较高，人体距离也比较近。

人体距离远近的文化差异有时会带来跨文化交际的问题。许多在中国学习或工作的西方人对中国人的排队方式很不习惯。例如，在银行、邮局、机场、商店等公共场所，很多中国人在排队的时候与前边的人距离很近，有时还会有身体的接触，应该注意尊重别人的隐私。虽然排队涉及人素质和公共秩序的问题，但是也反映了空间利用方面的文化差异。

第三节　影响跨文化交际的因素

一、文化因素

在现实生活中，人们的言行举止都自觉或不自觉地遵守着各自社会的习俗规范，都是特定社会群体价值观的真实写照。例如，在日常生活中，善于展示个性、崇尚标新立异，是美国社会价值观的重要体现，是美国人为人处世的信条；而在中国，这样的所作所为可能会被看成"另类"，受到群体的非议，难以融入主流社会群体中。中国人善于变通，可塑性极强，所谓"世事洞明皆学问，人情练达是文章"，但这样的风格在美国文化中却难以获得认同，反而会给人以不诚实、模棱两可、不可捉摸的感觉，会妨碍人际交往。

（一）价值观念

在跨文化交际研究中，价值观是一个至关重要的问题。价值观是文化的底层，如果不理解价值观的差异就不能理解不同文化之间的根本差异。对于价值观的概念，国外学者进行了富有启发性的探讨，下面是一些有代表性的诠释：

第一，吉尔特·霍夫斯塔德（Geert Hofstede）：价值观反映了人对某一特定事态的大致看法是接受还是不接受。

第二，萨莫瓦尔和波特都是美国传播学界的著名学者：价值观会给人们一个判别"好"和"坏"的普遍标准，让人们按照一定的守则在"正义"和"背德"、"积极"和"消极"、"真实"和"虚假"、"正常"和"反常"、"有意义"和"无意义"等判断中做出抉择。而文化价值观的判定范围和内容会更加具体、更加详细，人们会根据文化价值观决定什么样的事物值得追求和推崇，什么样的事物具有参考和效仿意义，什么样的事物有害并且应该予以打压，什么样的事物应该使人为之感到羞耻，此外，还有一些事物必须真心实意地付出心血去维护，甚至为之奋斗终身。所以，在社会生活中引导乃至决定人们的观念和行为的正是文化价值观。

第三，克拉克洪（Kluckhohn）：价值观的核心是判断某件事物"是不是可取的"，作为一种观念，为个人或群体所持有并践行。它可能具有外显性，也可能具有内在性。价值观会左右人们的现实做法，促使其从现实条件出发，选择最适合自己或自己最为认可的行动模式、思维和目的等，从而面对生活中的种种境况和问题。

上述几种对价值观的诠释从简到繁，但说的是一个道理。所有能称为"文化"的群体都会以一套独特的理念系统为基础，价值观正是这一系统的基石。价值观的主要意义是对个人乃至群体施加一种具有普遍意义的约束，使人们就善恶和美丑等基本认知达成共识，认清什么行为是能够得到普遍认可的，什么行为是会被大众所鄙弃的，应该追求或抵制什么样的取向，什么事物能让更多人欣赏或嫌恶，什么能作为"正确"和"错误"的典范，什么是全体公民对其普遍许可或困扰的，什么能对全社会的利益构成支持或损害。价值观并不是有形的事物，在早期社会，也不会有书面立法之类的文件来规定价值观的具体内容，但它自始至终存在于人类社会中，并且处处约束和规范着人类的活动准则、习惯，深刻地影响着人们的活动方式、思维习惯、志向爱好、认知逻辑、处世法则、为人底线、心理活动、判定模式、禁忌守则和道德取向等。价值观的习得和延续往往并不是刻意的，人们自出生以来，就在社会生活中，经由来自不同人和物的直接灌输或间接影响，最终通过交际和互动形成完整的价值系统，这种"价值"最后又会被应用在现实生活中。价值系统具体包括人们的观念、信仰、举止和生活方式等，是一个庞大且精细的可评价系统，可被视为一种群体性现象，也就是所谓的"集体无意识"（人的无意识有个体和非个体之分，后者能够涵盖一个人从出生之前开始的、相当长的时间，甚至涉及祖先记忆或心理的余存。集体无意识是普遍存在于所有社会学定义上的"人"的心中的，能体现普遍意义），支撑着各民族的个性和思想认知。

社会学家叶进曾就美国价值观进行过专门的论述。在他看来，"价值观念"这个词在美国是一个多向度的概念，包含若干层含义。从普遍意义上来说，处世态度就等于价值观念的基础，同时，人的思维模式、志向选择、生活习惯、逻辑状态、对待人和事的底线、爱好和抵触的倾向、待人接物的方式等，都可以算作价值观念的组成部分。一个人的价值观念并不是一成不变且结构清晰的，随着年龄的增长、见识的提升、思想的转变、眼界的延伸、生活经验的累积等，人的价值观必然从多个角度产生种种深刻的变化，并反映在实际行动中；而且，价值观并不一定直接指导所有行为，其内部逻辑也不一定完全融洽，人完全有可能做出自我矛盾的行为或者看起来不符合内在价值观的举动。但是，这些都是价值观活动的正常体现。中国的传统价值观一直以来都处在多种历史、社会和文化因素的影响下，长期经历塑造和变迁，并没有相关的系统理论作为参考。追求之下，坚不可摧、历久弥新。

虽然价值观会因各种因素的影响而变迁流动，但它在相当的历史时期内依然具备一定的延续性和稳固性。如果空间、时间、物质条件、背景意识形态等因素都保持长期稳定，那么其归属的人群的价值观也不会有过于激烈的变化。在现实生活中，生活在同一文化环境（或相近的文化氛围）中的人，总会就同一事物的性质和意义达成较为一致的看法，赋予其"积极"或"消极"的色彩，外在环境和因素不变，这种看法也不会有大的改变。随着人们经济地位的改变，价值观也会随之改变，也就是说，价值观处于发展变化之中。一个人价值观的形成过程自其降世时就开始了，幼儿最初受原生家庭的影响，并逐渐接触社会，进入校园以后又受同学、教师和学校环境等多方面的影响，最终从高校毕业并步入社会工作之后，又会体验更多、更深刻的感触，价值观也基本定型了。在这一过程中，无论是大的社会环境，还是个人的生活和家庭条件，都约束和影响着价值观的形成，人的经济地位、社会地位和生产方式等，都决定着价值观的最终形态。另外，信息传媒和意识宣传是价值观成形中不可忽视的环节，每一种社会环境都处在特定的舆论宣传之下，在现代社会，网络、电视、电台广播之类的现代化宣传都发挥着渗透性的传播效果，几乎没有人能够避免与其接触并不受其影响，公众人物的观点和举止也会在无形中发挥参考作用和带动作用，这些因素都对一个人价值观的构建产生着潜移默化的作用。

1. 群体取向与个人取向

（1）中国社会的群体取向

在多种因素的作用下，中国社会形成了崇尚群体取向的特征。所谓群体取向，就是指无论在任何事情上面，都注重家庭、社会和国家的利益，而个人的利益可以被忽略，甚至在一定情况下可以牺牲个人利益。对于个人与集体或者个人与环境的关系，人们需要做到安分守己、循规蹈矩，要心甘情愿做好"一颗小小的螺丝钉"，要始终与集体利益保持一致。人们习惯于忍让，力求个人身心与整个环境相适应；人们也习惯于收敛自己的锋芒，不爱出头，不爱表现自己。随着时代的发展，很多传统的、封建的思想和观念已经淡出人们的生活，传统的群体意识发生了改变，但尽管如此，人们对集体依旧有着较强的归属感。

如今，群体取向的意义不断延伸，表现为他人取向，也就是人们在做一些事情的时候，会特别关注别人的看法，希望自己的所作所为能够符合群体的意志，能够得到大多数人的认同。因此，求大同、随大流，避免"另类"行为成了中国人为人处世的信条。并且，中国人还由此养成了不愿意得罪人的习惯，具体表现就是逢人说好话，甚至为了取悦他人说一些违心之言，主张"审时度势""因势利导""以和为贵"。

（2）西方社会的个人取向

在各种因素的影响下，中西方文化有着较大的差异。在西方国家，特别是美国，特别推崇个人主义。有学者认为，西方的个人主义取向起源于15世纪的文艺复兴时代，而人文主义则主要体现在以17世纪英国哲学家约翰·洛克（John Locke）为代表的西方哲学传统思想之中。洛克认为，"生物的个体是自然的基本单位"。一些西方哲学家认为，社会制度是在社会秩序尚未建立的为个人利益而行动的个体之间的交往之中产生的，这种个人本位的观念在美国早期社会发展的过程中产生了十分重要的影响。富兰克林（Franklin）在自己的著作中，把个人主义精神具体化。

西方个人主义取向在英语合成词中就有所体现。英语中以 self（自我）为前缀的合成词有一百多个，如 self-support（自立）、self-help（自助）、self-esteem（自尊）、self-confidence（自信）、self-respect（自重）、self-culture（自学）、self-reliance（依靠自己）、self-dependence（自力更生）、self-control（自我控制）、self-denial（自我克制）等，在其他语言中，类似这样的现象是不常见的。事实上，每一个美国人都想凭借自己的奋斗获取成功，从中可以看出"个人"在美国生活中所占的位置是何等重要。在美国的文化中，每一个个体都是独立存在的，都是不同于其他人的，其思维方式和行为习惯也都与别人不同。他们不愿意被贴上某种标签，也不愿意被称为是某一群体的代表。他们是自主、独立的个体。他们完全不依赖别人而存在，无端地接受别人的帮助被认为是无能的，靠父母生活被认为是一种耻辱。

2. 求稳和求变

（1）中国文化的"求稳"心态

天下万事万物总是处在两种状态中，那就是"稳定"和"变化"。群体主义所体现的是一种"求稳"的状态，与个体相比，群体显得更加稳定，受到的限制更多，不会轻易发生改变。中国传统社会受儒家的中庸思想影响较深，所以中国人形成了"知足常乐""相安无事"的处世习惯和价值追求。人们逐渐认同并接受这种"稳定"的观念，相信"万变不离其宗"，推崇"以不变应万变"。他们主张"顺其自然"，奉行"安分守己"，向往"安居乐业"。在中国传统社会中，国家追求稳定，而家庭追求和睦；所以"求稳"的观念深入人心，中国社会也在"求稳"的观念中实现了历史的进步。与此相呼应的是道家主张的"无为而有为"，"有为"意味着要改变，就会产生矛盾和冲突，会破坏和谐；而"无为"就是顺其自然，做事不强求，这样才能避免冲突的产生，维持一种和谐的状态。尽管"易"有崇尚变动的思想，但它所求的是"变"中的"静"，是一种原地不动的圆圈式的"动"。中国人尚"静"，认为"静是事物的根"。

（2）西方文化的"求变"心态

中西方文化有着较大的差异，两者之间形成了一种比较鲜明的对照，尤其是美国文化。美国人普遍推崇个人主义，倾向于求新求变。在大多数美国人看来，任何事物都处在变化的状态中，这种变化是无休无止的。这种变化的观念在美国人身上的体现就是不断打破常规，挣脱传统的枷锁，以及不断创新的精神。对于目前已经取得的成绩，他们是远远不满足的，他们不甘心被现实中的一些条件所限制，他们不断追求突破和发展。在美国人的观念里，变化、进步、改善和发展的含义是十分相近的，如果不变化就不会取得进步，同样，没有创新也就不会有伟大的成就，没有发展也就没有未来。美国社会充满了打破常规、不断创新的精神。

美国人的"求变"集中表现在他们不同形态的流动上，他们的职业选择、事业追求、求学计划、社会地位、居住地域都在频繁地变化。美国历史的每一阶段都充满了某某人如何从一地迁徙到另一地而获得发展机会、某某人如何从社会最底层通过努力拼搏而成为社会名流等这样的故事。

（二）民族的性格

所谓民族性格，就是指一个民族在对人、对事的态度和行为方式所表现出来的心理特点，这是一种总体的价值取向。

1. 态度取向

所谓态度，实际上就是对人或者对事的一种心理倾向，决定了一个人以何种态度和何种方式来对待某个人或者某件事。社会心理学家经研究认为，态度是由三个范畴构成的，分别是认知、情感和意动。这也就是说，当我们的任何心理倾向在某种程度上具备了认知、情感和意动的内容，那么就形成了态度。态度的含义比较广泛，是指主体对人或者对事物的一种心理倾向。尽管如此，很多心理学家还是把研究重点放在人们对待其他文化群体所体现的态度方面，目的是引导人们与不同文化群体的人进行有效的交流。所谓认知成分，就是一个人对人或物的信念或真实知识。情感成分包括一个人对某些人或物的评价、爱好和情绪反应。意动成分则包括指向人或物的外显行为。

"认知"成分是指人们对某种对象所持的思想、信念及知识，是人或物被感知到的方式，即在大脑中形成的心理映像。例如，很多人相信黑色人种擅长歌舞和体育运动、日本人拘谨礼貌、美国人慷慨大方、中国人好客、德国人严谨等。

"情感"成分是指人们对某种对象在评价方面的反应，是带有主观爱好的情绪表现。在日常交际中，情感成分往往比认知成分更重要。有时交际双方可能有相类似的信息或共识，却在情绪上表现出对立。态度扎根于情感之中，而情感又具有执着的特点，一般来说相当稳定。

"意动"成分是指人们对某种对象的行为意向，受认知和情感成分影响。例如，一个有民族中心主义倾向的人，会产生某种偏见，往往会歧视其他种族的人，产生排斥群体外成员的意向。

人们选择态度完全是心理需求的结果，也就是说，人的态度是为心理功能服务的。一些学者认为态度具有四种功能：一是功利实现功能，人们持有某种态度是因为可以得到某种利益；二是自我防御功能，人们通过某种态度来保护他们的自身利益和自我形象；三是价值表现功能，人们用态度来表示自尊，并肯定自我形象；四是客体认知功能，人们持有某种态度来证明他们拥有支配世界的知识。

2. 性格特征

不同的民族有着不同的性格，其差异是十分显著的。有很多学者致力于对中国和美国的民族性格进行分析，但是，得出的结论却并不一致。虽然民族性格是可以感知的，但要加以理性地、准确地概括不是一件容易的事。从总体的角度来说，学术界对民族性格特征的有些看法还是趋于一致的。

中国的民族性格中体现了以人生为核心的人文特质，也就是看重人与自然的和谐、人与人之间的和谐。西方人对于人生的探讨跟中国是不同的，他们更强调追求世界的本体，强调通过什么样的方法来认识自然世界。对于如何为人处世，他们并不像中国人那样在意。

二、心理因素

心理因素与思维方式存在紧密的关联，人们必须要凭借思维方式认识客观世界。当我们感知外界信息时，对于所获取的信息，会进行分析、推理等心理加工，通过这种信息加工的过程了解所获取的外界信息的含义。而在不同的文化背景下，人们对外界的认知模式也是不一样的，思维方式也有所差别。一个人的思维与语言有着紧密联系，不同的文化在思维方式方面所体现的差异会直接影响交际行为。这种直接影响不但表现在语篇结构、编码方式、译码方式、交际风格等方面，还会导致词法、句法的差异。思维方式的差异会使跨文化交际产生障碍或冲突。

学者认为，认知模式的差别可能表现在思维活动进行时对环境的依赖程度。总的来讲，对环境的依赖可分为两种情况：一种是"无领域依附"，另一种是"领域依附"。通常认为，"无领域依附"文化的人们具备更强地把某一组成部分从其整体中分离出来的能力，也就是说，他们具有较强的解决具体问题的能力，能把某些组成成分从环境中离析出来并在具体环境中加以解决。而"领域依附"文化的人们具备更强的从整体上把握事物本质属性的能力，也就是说，他们具有较强的统摄整体问题的能力，能领悟事物内部不同组成部分之间的辩证、内在的有机联系。

当然，采用这种两元对立的方式来表示两种认知模式的差异是一种较为极端的做法，更合理的做法是把"领域依附"和"无领域依附"当作一个非离散的连续体的两端，这两端分别代表"领域依附"的整体式思维方式和"无领域依附"的分析式思维方式。两种思维方式的差异是相对的，有些文化的思维方式比较接近于"领域依附"范畴，而有些文化的思维方式则比较接近于"无领域依附"范畴。相对而言，东方文化的思维方式比较接近"领域依附"型，而西方文化的思维方式比较接近"无领域依附"型。

下文详细论述整体思维和分析思维。

1. 整体思维的特征

东方人以直觉的整体性与和谐的辩证性著称于世，这也是中国文化传统思维的主要特征，东方人的思维属于"领域依附"型的思维活动。

（1）"直觉的整体性"是第一个特点

思维的整体性是指思维的对象、成果和运用思维成果对思维对象加以改造。中国人习惯于把事物分为对立的两个方面，但这两个对立面被看成一个不可分割的整体，相互制约、相互依存。这就是典型的整体性思维，即整体地认识自然并改造自然，认识世界并改造世界。因此，中国传统文化中对人和自然界关系的认识是以"天人合一"为出发点的，人和自然的关系不是被看成截然对立的主体和客体，而是处于统一的结构之中，天与人、阴与阳、精神与物质是不可分割的统一体。同样，在社会中人与人的关系方面，人们也习惯于把个人放在整个人际关系中去把握，强调人与人相互依存、相互作用。

中国传统文化思维的整体性是"直觉"的整体性

所谓"直觉",就是通过下意识或潜意识活动而直接把握事物,明显的特点是对环境中的事物统而摄之,进而产生悟性,得出结论。这种直接纳入人的经验的方式就是直觉思维,它不依靠逻辑思维推理,而是讲究思维中断时的突然领悟,即灵感或顿悟。中国人认为,凭直觉觉察的东西是最实在的东西,在处理问题时,很相信"车到山前必有路,船到桥头自会直",习惯"走一步,看一步",敢于"摸着石头过河"。

(2)"和谐的辩证性"是第二个特点

古代中国人没有选择分析的途径,却追求和谐的辩证,即追求公允、协调、互补和自行调节,以此达到事物的平衡和稳定。"辩证"是指思维过程中善于发现事物的对立,并在对立中把握统一,从而达到整体系统的平衡。"和谐"是指中国人善于把握对立面中的统一、统一中的对立,从而达到和谐。《周易》的"阴阳之谓道",就是辩证思维的最高概括。所以,天为阳、地为阴,白天有太阳、晚上有太阴(月亮),山南称阳、山北称阴,公开处事为"阳谋"、背后捣鬼为"阴谋"等。天下万事万物都由"阴"和"阳"来统摄,又处于一个和谐的整体之中。

2. 分析思维的特征

西方的思维模式以逻辑、分析和线性为特点,这是一种"无领域依附"型的思维活动。西方人注重内在的差别和对立,寻求世界的对立,进行"非此即彼"式的推理判断。古希腊的柏拉图首先提出了"主客二分"的思想。笛卡尔开创的西方近代哲学明确地把主体与客体对立起来,以"主客二分"作为哲学的主导原则。这一原则深刻地影响着近代哲学家,成为认识论的一个基本模式。分析性思维明确区分主体与客体、人与自然、精神与物质、思维与存在、灵魂与肉体、现象与本质,并把两者分离、对立起来,分别对这个二元世界进行深入的分析研究。

分析性思维把整体分解为部分,加以分门别类,把复杂的现象和事物分解为具体的细节或简单的要素,深入考察各部分、各细节、各要素在整体中的性质、地位、作用和联系,从而了解其特殊本质。为了解整体及其要素的因果关系,必须把各部分、各细节、各要素割裂开来,抽取出来,孤立起来,因而分析具有孤立、静止、片面的特征。美国人的思维就具有这种典型特征，他们强调以经验和事实为依据，看重观察和分析的方式，热衷于搜集资料和数据，是典型的"归纳法"和"实证主义"。

三、社会因素

要实现有效的交流，既要了解一定的文化背景，又要了解一定的社会情境，从广义上来说，这种情境实质上就是"交际情景"。交际情景影响语码（即语言和非语言符号）的使用。在交际情景中，各种社会因素决定谁、在什么地方、在什么时候、说什么、对谁说、怎样说、为何目的等。韩礼德（Halliday）是著名的社会语言学家，曾经有这样的论述：对于我们周围和内心世界的无限负责的事件、现象、行为和自我意识的过程，语言会压缩在可以控制的、可以操作的范畴中。语言的社会功能还体现在，它可以将我们作为说话人参与到言语情境中，将我们所担负或强加给我们的角色，将我们的情感、希望、态度和评价等表达出来。人们普遍认为，交流情景由三大因素组成，具体如下：

（一）交际者

交际者主要指的是在某个交际行为中的参与者，不仅包含信息的发出者——说话人，还包含信息的接受者——听话人。涉及的背景情况非常多，有年龄、性别、教育、职业、政治身份、经济地位、宗教信仰和家族背景等。在交流过程中，社会身份是一个非常关键的情景要素，与交流过程中的双方的角色关系、人际关系密切相关。

（二）交流目的

虽然人们可以运用语言达到多种交流目的，但由于交流目的差异，人们对语言的运用也存在着很大的差异。从社会交际的目的来看，交流可以分为职业型、文化型、普通型和专业型等类型。不管是交际的内容还是交际的风格，以文化型为目的所产生的交际与以职业型为目的的产生的交际有着非常大的差距。专业型和普通型的交际目的也有较大的差异，医生与病人进行谈话，专业型与普通型就会有着非常大的差距，病人会因为医生不使用专业术语产生怀疑。在通常情况下，交际会受到交际目的的影响，交际目的多种多样，语言运用也是丰富多彩。

（三）交际场景

在交际场景中，物理场景是最主要的，它可以被划分为两种：空间场景和时间场景。场景在交际的过程中有着非常重要的作用，比如，交际双方有相同的交际目的，在不同的交际场景中，对于交际行为的要求也会有着非常大的差异，场景因素会制约着交际双方所使用的音量、语调、非言语行为、句法、词汇等。一个简单的打招呼，在不同的场合、不同的时间，都会有很大的区别。人们之间的交谈行为也会受场景的影响，这些场景因素包括空间的选择、房间的大小、座位的安排等，它们都可能决定交谈的类型、方式、话题和内容。交际所遵循的场景适应性规则因文化而异，这就为跨文化交际带来了困难。当我们置身于不同的文化之中时，即使较熟悉的场景，因为不具备与其相应的、内化了的交际行为规范，我们就有可能不知所措，心理距离就会拉大。

第四节　语言与文化的关系

语言和文化是不可分离的。人类的文化因为语言的出现和不断演化得以出现和保留。在世界上，没有文化缺乏语言，也没有语言缺乏文化。在广义角度上，文化包含语言，会对语言产生影响，在对文化进行不断适应的基础上，语言变得进一步明晰。语言一方面是文化的载体，另一方面是文化的映射。而文化不单单影响词汇的演化和使用，在语法、讲话标准、篇章脉络等不少方面都有不小的影响。

一、文化的含义

自古以来，"文化"这个词就存在，但是，在古代文化与现代的含义和理解是不同的。古代的文化主要指的是与"武力"相对的文德教化。《文选》李善注："言以文化辑和于内，用武德加于外远也。"[1] "文化"这一术语随后为日语所借鉴，并在现代日语中被用作与英语词汇 culture 对译的词汇。随后，作为日语借词的"文化"被现代汉语所吸收，这一个过程就使得"文化"与英语中的 culture 有了直接

---

① 《文选》编写组. 文选 [M]. 北京：群众出版社，1984.

的联系，并由此产生了诸如"文明""教育"之类的衍生含义。文化是人所创造的精神和物质的财富，人们因为所具有的共性会对这些财富进行分享。但是，就像孔子说的"性相近，习相远"一样，虽然人类在本质上是相似的，但是"习相远"形成了不同的文化。因而，在交际中，我们需要对文化差异进行克服，这就要求我们只有首先理解了对方的文化，然后才能进行有效的交流。

"文化"，在文化学或者文化人类学里，一般是用来表示与其他生物有所区别的、整个人类社会的活动方式以及活动产品。文化的核心含义十分清晰，但在实践中，专家和学者对其所作的定义不尽相同。美国人类学家克鲁伯从定义的方法角度，收集了160余个近代西方学者关于"文化"的定义，并对它们做了详细的归纳和分析。在诸多的"文化"概念中，英国文化人类学家爱德华·伯内特·泰勒（Edward Burnett Tylor）与英国社会人类学家、文化人类学家马林诺夫斯基所提出的"文化"概念受到了广泛的关注。泰勒把文化看成是由信仰、知识、法律、道德、艺术、风俗以及所有人从社会中所得到的技能和习惯等组成的一个复杂的整体，侧重研究文化的精神性和整体性。马林诺夫斯基则认为，文化是一种"社会制度"，具有满足人的某些生存需求的功能，是一群利用物质工具而固定生活于某一环境中的人们所推行的一套有组织的风俗与活动的体系，主要的侧重点是对文化的功能性和制度性进行研究。

如果把目光集中在跨文化的语言交际上，其他两位学者对"文化"的界定更为准确和直接。社会语言学家古迪纳夫（Goodenough），他提出"文化"指的是人们为了保证自身的活动方式被社会中的其他成员所接受，需要知晓的、详细的、接受的一切。与生物遗传的东西不同，文化是人们不得不学习的东西，文化是由学习的终端产品"知识"构成的。在美国文化人类学家鲁思·本尼迪克特（Ruth Benedict）的观点中，文化是一种可以使本民族与其他民族不同的方式，是通过某个民族的活动产生的一种思维方式和行为方式。二者均强调文化的民族性，戈德朗夫非常关注民族内部的规范，而本尼迪克特注重民族之间的区别。总之，文化是人的感知、思想、言语和行为的总和。不同的民族在不同的环境下产生了不同的文化，同时民族文化也在塑造着民族和其成员。

对于"文化"这一专有的术语，人们通常会把它从两个角度进行理解，即狭义和广义。狭义的文化侧重于精神方面，主要指的是社会的用语规范、风俗习惯、意识形态，以及与社会相适应的社会组织、社会制度。但是，离开人的物质生产的社会实践，无论是精神还是意识都不可能单独产生，也不能离开人的物质生产的社会实践而单独存在。在社会实践中，一是改变了自己赖以生存的物质生活条件，提高了生活水平；二是创造出了自己的物质财富和精神财富，产生了属于人类所独有的思维方式、生活方式和意识形态等，让人类得以不断地进步。让人类有别于动物，脱离动物性的一切因素中，精神方面和物质方面总是纠缠在一起，彼此为因，不可分割。"文化"从广义上来说，既包含了精神层面，也包含了物质层面，是人类在发展过程中所产生的一切物质和精神的总和。但是，一般说来，一谈到"文化"，大家就会联想到文化的狭义的层面，也就是文化的精神形态方面。

二、语言是交际工具

（一）交际媒介与语言符号

1. 交际媒介与符号

人类为了生存和发展必须进行各种交易。最为典型的交换就是商品交易。起初，人们进行商品交换是以货物交换货物。《诗经》中有一句话为"抱布贸丝"，说的是一个人拿着一块布到市场上换取丝这种货物。《孟子》中记载了孟子与许行（农家学派）的辩论，在这场辩论中就提到了农家学派耕种田地，用粮食来换取生活用品和农业用具的事实。尽管以物换物是一种可行的方式，但是非常不方便，无法实现长距离、大规模的商品交换，因此，人类发明了"货币"这一媒介。其实，货币是一种物化的、具有价值的"符号"，能起到物物交换的媒介作用，人们一手交钱一手交物，既方便又迅速，使得人们之间的商品交易能够顺畅地进行下去。在人类社会中，语言交际是必要的交换活动，主要是对信息、情感和思想进行交换。作为一种交换，语言交际也需要媒介，这就需要一种可以表示确切含义的"符号"来作为交际的媒介。

"符号"是什么？简而言之，就是以一种可以被感觉到的形态来代表一种事物或一种现象的结合体。对于符号来说，主要有两个主要的构成要素：形式和意义。形式必须是人类可以感觉到的，如视觉、听觉、嗅觉、味觉和触觉等。意义，也就是说这个形式所代表的现象或者事物。形式和意义相结合就产生了符号。我们要将符号与另外一种现象相区别。人们在山中赶路，看见远方的炊烟，便知有一户人家可供休息或过夜；农民观察了一下天空，发现阴云密布，雷声轰鸣，就知道一场大雨就要来临了。实际上，这种现象与我们所说的"符号"不同，我们把这种现象称为"征候"。"征候"指的是一种自然的、必然的与一种事物或者一种现象相联系的东西，人们能够从这一点中推断出某种现象或者事物。我们所说的符号，在形式和意义上并没有必然的联系，存在的是人为的联系，以何种形态来表达何种现象或事物是一种约定俗成的行为。

在人类的生活中，存在着大量的"符号"，这些符号对人们的交流产生了巨大的影响。例如，信纸上插有一根羽毛，表示事情很紧急；执法者穿着不同的服装以显示其在执行任务。上面提到的例子，都有一个共同点——这些可以感知的形式与其所蕴含的现象和事物之间没有必然的联系，主要受约定俗成的限制。不同的民族在相同或者相似的情况下会使用不同的符号。

人类的语言是一种以声音的方式表达意义的语言，人们通过听觉来对话语进行理解。语言中的词语和它们的排序就是一种符号，都是为了让听话人对词语所表达的东西和现象有一个明确的认识。例如，汉语里的"人"，其发音为"rén"，是能被人使用听觉可以感知到的声音；"人"的含义是所有的人。语言中的词是生意和意义的结合体，是语言符号的一种物质形式，所有的符号组成了语言系统。

为何人类会选择声音作为语言符号的形式呢？主要原因是声音具有三个主要的优势：

①使用非常方便。声音是一种人人都可以发出的声音，人走到哪里声音就可以跟到哪里，所以很方便，也不用特殊的仪器，只要一开口，就可以说话。

②容量非常大，经过排列组合，十个语音单位（音位）就可以构成几千个音节，形成数十万个的词语，可以表达现实中的所有事物和现象。

③具有非常好的效果，说话只需要个体动一动嘴就可以完成大声疾呼和慢声细语。无论过去还是现在，无论多么复杂的道理，无论多么动人的情感，都能用言语来表达。将声音用作语言符号的材料具有诸多优点，因此，在长期发展的过程中，人类的祖先选择了声音作为交际工具的物质形式，从而对人类社会的发展起到了很大的推动作用。

2. 语言符号的特征

"符号"具有一定的形式和意义，这两者之间的结合是随机的，没有固定的排列。语言符号是符号的一种，它是否也具有这个特征呢？人们对于名实问题的探讨，可以追溯到战国时代。荀子是这样认为的："名无固宜，约之以命，约定俗成谓之宜，异于约则谓之不宜。名无固实，约之以命实，约定俗成谓之实名。"[①]也就是说，语言符号的形式和意义之间如何结合，靠的是人们之间的"约定俗成"，两者不存在必然和本质的联系。在西方，学术界对这个问题一直争论不休，最后大部分认为这个观点是正确的。对于这个问题，恩格斯在他的著作《自然辩证法》中举例说："正"与"负"，"南"与"北"所表示的意义是可以反过来的。如果将它们调换一下，并相应地改变其余称呼，所有的一切依然不能说是错误的。

也就是说，语言符号是由社会的"约定俗称"形成的，这也是语言符号的本质。在汉语中，将"能制造和使用工具，并利用工具劳动的高级动物"称为 rén，这只是社会的"约定俗成"。对于相同的事物，可以用不同的词汇来表示，也证明了这个道理。随着社会发展，国内曾掀起一股学习英语的热潮，有一些人就十分不理解，为什么对同一个事物，英语和汉语大不相同。编起了顺口溜说"水是窝头（water）去是狗（go）"。实际上，"水"这种物质到底如何称呼，"去"这个动作该叫什么，原本就没有特别的规定，中国人习惯将其叫 shuǐ 和 qù，英语国家的人将其称为 water 和 go，这只是各自国家和社会内部的"约定俗成"罢了。

"约定俗成"的意思是，特定社会群体自发形成的一种规约性。符号的形式与意义的结合是任意的，正体现了这种规约性。这种规约性具有两重性：一方面，从本质上说，一种事物使用什么样的名称是随意的，形式与意义的结合没有特殊规定，两者之间没有必然联系；另一方面，名称与意义一旦结合在一起，就有了特定性，甚至可以找出它们之间结合的原因，形成"理据的可探究性"。二者之间并不矛盾，就如刚出生的婴儿，起什么名字并没有特殊要求，但是，父母往往会慎重考虑孩子的名字，在名字中或是寄托美好的愿望，或是赋予特殊的含义，抑或起到纪念作用，这就是名称的"可探究性"。语言符号与婴儿起名是相似的。例如，"浅""贱""线""笺"这四个字，它们的声符是相同的，也就是说，它们

---

① 张晓林导读／注译. 荀子. 长沙：岳麓书社，2019.

最初的读音是一样的。它们具有不同的意义，却有着同样的读音，这是为什么呢？从语源的角度深挖可以发现，"浅"一般指水少，"贱"一般指钱少，称单根丝线为"线"，称单张信纸为"笺"，它们都包含着"量少"的意思，这就是训诂学中认为的"声同义通"。

符号的任意性是针对单个符号而言的。符号之间的组合是有一定的依据的。作为现代语言学的开创者，弗迪南·德·索绪尔（Ferdinand de Saussure）说过：语言符号所指和能指之间的结合是任意的，具有约定俗成的性质。但是，他对这种所谓的"任意性"做了解释，指出"符号可能是相对地可以论证的"，并表示，必须要明确区分绝对任意和相对任意的含义。没有刻意为之，或者说不可论证的符号，一般来说具有绝对任意性，如英语的 twenty（二十）；相对地，如果符号是刻意为之的，如英语的 nineteen（十九），它是会让人联想到是由要素 ten（十）加 nine（九）共同组成的。索绪尔觉得限制任意性是可论证的，体现在要素之间相互结合构成句段关系，以及不同要素结合在一起构成联想关系，等等。

（二）交际工具的种类

语言是人类的交际工具之一。除此之外，人类通过长期的社会实践还创造了许多不同种类的交际工具，主要包括下面三大类：

1. 文字

文字是仅次于有声语言的交际工具，它的作用是将有声语言记录下来。有声语言使人类的交际更加便捷、更加快速，但是，同时也会受到时间和空间的限制。意思是说，交际双方需要处于同一时间和同一空间，并且处在听觉范围内。如果一方不在场，或者在场却听不到对方说话，则是无法实现交际目的的。文字的发明改变了这样的状态，从听觉感知转为书面形式的视觉感知，在一定程度上克服了语言的时空限制，并增强了语言的交际功能。虽然如此，相对于语言，文字仍处于辅助性质的从属地位。

①文字是为记录语言而发明的，以语言为依托，无法离开语言而单独存在。国家和民族可以没有文字，但绝不可以没有语言。世界上没有文字的语言要多于有文字的语言。我国现有七十多种民族语言，但是，有文字的语言还不到二十种。

②从人类历史的角度来看，语言的产生有几十万年的历史，而文字在几千年前才出现。所以，文字是以语言为基础而出现的，它是最重要的辅助语言进行交际的工具。从跨文化交际的角度来观察，口头交际是交际的主要形式，书面交际次之。在世界语言中，汉字是十分独特的存在，不仅体现在习得困难上，更体现在它承载着十分丰富的汉民族文化。所以，在跨文化交际中，使用书面语言的形式进行交际具有非常重要的意义。

2. 盲文和手语

盲文和手语是等同于有声语言的交际工具，它们的性质和功能是一样的。盲文和手语是特殊群体之间使用的一种交际工具。盲人可以用有声语言进行交际，但是却无法实现文字的阅读。因此，他们需要一种特殊的文字符号来弥补不能通过视觉阅读的遗憾，盲文在这种情况下应运而生。盲人的触觉很敏锐，盲人通过触摸盲文符号就能进行各种阅读，实现对知识文化的学习以及与他人的交际。

手语是为方便聋哑人而发明的一种交际工具。聋哑人失去了听觉，也不能使用有声语言，只能依靠手语进行交际。他们使用不同的手势表达不同的意思。手势分为基本的"语素"和"词"，它们能够通过一定规则进行搭配和组合。手语属于视觉符号系统。不同民族的手语是不一样的，但具有许多的共同之处，这表明人类认知具有共性。造成不同民族的手语存在差别的原因是文化差异。盲文和手语满足了特殊人群的交际需求具有重要的交际意义。

3. 旗语、灯语和号语

这类符号系统的应用范围是十分有限的，所传递的信息也是有限的。旗语主要使用在航海领域，人们使用两面不同颜色的旗帜，配合一定的姿势和动作来表达不同的意思，如警告、回应和敬意等。灯语的应用范围也主要是航海领域，它是一种在夜晚使用的传递信息的工具，利用灯光显现的长短及其组合表达不同意思，与旗语是相似的。号语主要的使用场合是军营，根据号声长短的不同并进行组合来指挥，如军营里生活作息、战场上的冲锋等。因为这类符号系统使用的范围是有一定限制的，并且具有实用性功能，所以，它们可以通过国际化的标准实现全世界的统一，以便更好地为人类服务。

三、语言是思维工具

（一）思维依托于语言

"言为心声"，即《尚书》里说的"言者，意之声"①，也就是说语言是用以表达思想的。在西方，不少哲学家和语言学家也持有类似的观点，认为语言是"思想交流的工具"，是人们头脑中"内部状态的外部表现"，句子是"表达一个完整思想的一系列词"。17世纪英国哲学家洛克在《人类理解论》中写过这么一段话："人们的思绪千变万化，自己和别人都能从中获得好处和乐趣。但是，思维皆源自心胸，埋藏着无法让别人看到，而且无法显露出来。没有思想交流便不会有社会带来的舒适和优越，所以，人们有必要找些外表能感知的符号，以便让别人也知道构成自己思想的意念。这样我们就能理解，人们为什么要用词来作为意念的符号，词用于这一目的是再自然不过的了。"②从这段话中可以看出，作者认为意念是存在于心里的，假如人们不打算让别人了解自己的思想，那就不需要语言。可是人们生活在社会中需要交流思想，这才需要给意念找标志。词语正是因为被用来作为标志才获得了意义。

但我们忽略了一个非常重要规律，那就是一些稀松平常的事情往往容易被忽略。例如，每个人每天都在说话，用语言符号表达思想、交流感情，但是交际对象往往只关注说话者"说了什么""怎么说的"，几乎没有人会在深层次挖掘说话者"想了什么""怎么想的"。实际上，通过语言表达说出来的话固然非常重要，但是，更重要的是，语言表达背后的思考过程，也就是"想了什么"和"如何想"的问题。这就涉及语言和思维的关系，思维是依赖于语言产生的。

"思维"和"思想"是两码事：思维是人们对现实世界进行认识和思考的过程，思想是思考结果的体现。思维是一种大脑活动，思考得深入或不深入更多是过程的体现；而通过思维得出了什么样的结论，就是我们所说的思想。从上述可以得知，思维和思想并不是一回事。但是，两者之间又不是完全没有联系的。思维的目标是得出一定的思想结果，没有结果也是一种结果；反过来讲，无论得出何种思想结果，总会经历一个思维的过程。从这个角度而言，思维和思想

---

① （春秋）孔子. 尚书. 长春：吉林文史出版社，2017.

② （英）洛克；关文运译. 人类理解论. 北京：商务印书馆，2017.

又是紧密联系的。因此，广义上的思维同时包含了不同程度和不同阶段的过程和结果。

语言与思维的关系是十分密切的，无论思维过程还是结果都离不开语言。有人说，这就好比种庄稼，必须得有锄头和镰刀等工具的协助，才能进行耕种，进而才会有所收获。就思维的过程而言，正是有了语言这种工具的协助，人们才能进行思维活动。在粮食收获之后，要有粮仓进行储藏。对于思维结果来说，语言又好比是粮仓这样的储藏工具，人们通过语言将思考结果说出来，并传递下去，才算真正完成了思维的过程。因此，也可以认为，语言是思维的工具，思维过程的每一个环节都离不开语言这种工具的辅助。人们要表达概念，就必须用到语言。例如，表达一些具体的概念，如"计算机""桌子"，以及一些抽象的概念，如"友情""商业"等，需要借助词语才能将意思表达出来。而一些判断或者推理的表达就需要用到句子了。想要进一步表达更为复杂的论述，如"语言与思维的关系"这个论题，就必须要借助很多的句子，将这些句子组合成语段或者篇章，才能将问题讲明白、讲透彻。

思维是依托于语言的，特定的语言形式还会对特定民族的思维产生反作用。

（二）语言取决于思维

语言的创造是人类活动和特定民族精神活动共同作用的结果。精神活动就是人类对现实世界的认识、感知和思维。不同民族的思维方式也是不同的。人们通过一定的实践活动和社会文化活动来再造自己生存的世界。在这个过程中，人的感受和经验等都是通过语言表达和传递的。也就是说，语言就是人类所建立的、通过特定思维方式所感知和认识的关于外在物质世界的镜像。按照学者们的说法，客观物质世界（存在）在人们面前呈现出由思维决定的语言"样本"，语言本质上是"被领悟的存在"。

分析语言的产生发展过程，我们可以明白，语言是人类精神活动的产物。人类发展的历史是一部人类创造性劳动的历史。人与动物的区别就是，人能够靠精神进行创造性劳动，而语言正是在这个过程中产生和发展起来的。原始人从集体劳动开始就需要语言进行沟通。人类在改造自然的过程中收获了新的经验，从而促进人类思维的发展。由于劳动生存的需要，人进化到了直立行走，并完善了发音器官，使人类可以发出语言构造所需要的众多分音节。当一些特定的音节和意义在长期的使用中固定了下来时，第一批简单的词语就诞生了。人类的进化过程和语言的起源过程几乎是同时进行的。在人类起源过程中形成的文化，我们一般称之为"原始文化"。原始文化是人类思维发展的产物，同时，也是原始语言形成的基础。

从现实语言的概念体系构成来看，也可以明显地看到人们对外在物质世界感知和认识的"痕迹"。唯物主义认识论的一条基本原理是"存在决定意识"，那么通过人们的感知和认识，客观的"存在"应该与语言中反映出来的"存在"是一致的。但事实并非如此，语言中概念体系的构成取决于我们的思维，也就是取决于我们感知和认识世界的能力和方式。例如，虽然地球之外的某个大体是长期客观存在的事物，但是，如果它一直没有被我们认识到，没有被赋予一定的语言符号，那么，在我们的语言概念中，就没有这样一种事物的"存在"。相反，可能一些事物在实现世界中并没有人看过，如各种传说，神话和童话中虚构的人物和事件，却由于这些已经构成了概念和叙述，于是成了语言概念体系的一部分。

第二章 高校英语教学概论

高校英语教学要想适应跨文化交际的发展，需要不断进行改革和创新，因此，需要对高校英语教学有一个总体的认识。本章从高校英语教学的理论基础、高校英语教学的基本内容、高校英语教学的基本原则、高校英语教学的模式与理念等角度对高校英语教学进行了系统论述。

第一节 高校英语教学的理论基础

一、语言学理论

（一）语言功能理论

英国功能语言学派的思想始于弗斯（Firth），后来在卡特福德（Catford）、韩礼德（Halliday）等的研究中得到进一步发展。这里就重点介绍韩礼德的语言功能理论：

韩礼德认为，语言是在完成其功能中不断演变的，语言的社会功能会影响语言的特性。具体来说，语言功能可以分为以下三种：

1. 微观功能

韩礼德认为，微观功能是儿童在学习母语的初级阶段出现的，包括以下七种功能：

（1）个人功能

个人功能是指儿童可以运用语言表达自己的感情、身份或观点、看法。

例如：I like the toy car.（我喜欢这辆玩具车。）

（2）规章功能

规章功能是指儿童可以通过语言控制他人的行为。

例如：Finish the task as I have told you.（按照我告诉你的完成任务。）

（3）想象功能

想象功能是指儿童可以运用语言创造一个幻想的环境或世界。

例如：Suppose I am the king and you are the queen...（假设我是国王，你是女王……）

（4）启发功能

启发功能是指儿童可以通过语言认识和探索周围的世界，学习和发现问题。

例如：Tell me why...（告诉我为什么……）

（5）工具功能

工具功能是指儿童可以通过语言获取物质，满足其对物质的需求。

例如：I want...（我想要……）

（6）相互关系功能

相互关系功能是指儿童可以通过语言与他人进行交往。

例如：Me and you.（我和你。）

（7）信息功能

信息功能是指十八个月大的幼儿可以通过语言向别人传递信息。信息功能是儿童在成长后期掌握的。

需要指出的是，在儿童语言中，一句话只有一种功能而不会出现多种功能。随着儿童语言逐渐向成人语言靠拢，功能范围逐渐缩减，这些微观功能让位于宏观功能。

2. 宏观功能

相对于微观功能，宏观功能更为复杂、丰富和抽象。它是在儿童由原型语言向成人语言过渡阶段出现的语言功能。宏观功能包括以下两类：

（1）实用功能

实用功能源于儿童早期微观功能中的工具功能、相互关系功能和控制功能。它是指儿童将语言视为做事的工具或手段。

（2）理性功能

理性功能是由儿童早期微观功能中的个人功能和启发功能等演变而来。它是指儿童将语言视为学习知识和观察事物的途径和方法。

宏观功能是早期儿童语言功能的过渡期，与微观功能和纯理功能存在功能上的延续性，这反映了人类语言为数不多的几种功能却可被运用于多种社会场合，同时也反映了人类在运用语言的过程中创造语言的必要性。

3. 纯理功能

韩礼德的纯理功能在功能语言学派中影响巨大。纯理功能包括以下三种：

（1）人际功能

人际功能是指语言具有表明、建立和维持社会中人的关系的作用。通过此功能，讲话者能通过某一情境来表达自己的推断和态度，并对别人的态度和行为造成影响。

（2）篇章功能

篇章功能是指语言具有创造连贯的话语或文章的功能，这些话语和文章对语境来说是切题和恰当的。韩礼德认为，语篇是具有功能的语言。

（3）概念功能

概念功能是指人们通过语言将自己的内心世界和现实世界的经历进行表述的功能。语言的概念功能是指人们以概念的形式对其经验加以解码，并对主观和客观世界发生的人、事、物等因素进行表达和阐述。

韩礼德认为，几乎每个句子都能体现语言的人际功能、篇章功能和概念功能，且这三种功能经常同时存在。

在如何看待语言本质的问题上，韩礼德对语言功能的论述为研究者们提供了一个全新的视角，推进了语言学界对语言的理解。后来的交际法教学流派（又称为"功能—意念教学流派"）就是以韩礼德的语言功能理论为基础建立起来的。

（二）克拉申的二语习得理论

20 世纪 70 年代，斯蒂芬·克拉申（Stephen D. Krashen）提出并发展了二语习得理论。

1. 习得—学习假说

克拉申认为，"学习"和"习得"不同，它们是培养外语能力的两种途径。"学习"是学习者通过课堂学习等方式有意识地掌握语言语法规则的过程，而"习得"是学习者在无意识的状态下形成并掌握语言能力的过程，是一种类似于小孩子学习母语的过程。习得与学习的区别具体如表 2-1-1 所示。

表 2-1-1　习得与学习的区别

习得	学习
不知不觉的过程	意识到的过程
内化隐含的语言规则	获得明示的语言知识
正式学习无助于习得	正式学习有助于语言知识获得

克拉申认为，语言学习只能监控和修正语言，却不能发展交际能力，外语应该通过习得来获取。另外，习得能够发展交际能力。

2. 自然顺序假说

克拉申认为，一种语言的语法规则或结构是按一定的、可以预知的顺序习得的，这种情况也适用于第二语言（外语）的学习。

3. 输入假说

在克拉申看来，理想的输入应具备以下四个特点：

①应具有足够的输入（i+1）。"i+1"是克拉申提出的著名公式。其中，"i"代表习得者现有的水平，"+1"表示语言材料应略高于习得者目前的语言水平。这意味着，只要习得者能理解输入的材料，且达到了一定的量，就意味着其已经自动有了这种输入。

②应具有可理解性。输入的语言必须可以理解，不可理解的输入对学习者不仅无用，还会损害学习者学习的积极性。可理解性的语言输入是语言习得的必要条件。

③应既有趣，又有关联。趣味性和关联性可以增强语言习得的效果。

④应按照非语法程序安排。在语言习得的过程中不必按语法程序安排教学活动，重要的是要有足够的可理解的输入。

按照克拉申的外语教学理论，教师在进行外语教学时应尽量向学生提供可理解的语言输入，应使用一切手段来增加语言输入的可理解性。

4. 监控假说

克拉申认为，有意识的学得（知识或规则）只能起到监控的作用。这种监控作用可以发生在写或说之前或之后，如图 2-1-1 所示。

图 2-1-1　学得的监控作用

需要指出的是，学得的监控作用必须具备以下三种条件才能发挥作用：有足够的时间，知道规则，注意语言形式。此外，这种监控作用在不同的语言交际活动（如口头表达和书面表达）中会产生不同的交际效果。

5. 情感过滤假说

"情感"是指学习者的动机、需求、信心、忧虑程度和情感状态。这些情感因素会对语言的输入起到促进或阻碍的作用，因而又被视为可调节的过滤器。情感因素的作用如图 2-1-2 所示。

图 2-1-2　情感因素对语言学习的作用

根据情感过滤假说，外语学习者的积极情感态度有助于学习者更多地输入目的语，而消极情感态度则会过滤掉很多目的语。因此，教师还应避免给学生施加压力，要努力为其创造一个轻松愉快、自由自在的学习气氛。

（三）斯温的输出假设

梅里尔·斯温（Merrill Swain）基于对加拿大法语沉浸式教学结果的研究提出了输出假设。斯温认为，语言输入是实现语言习得的必要条件，但是，除了这一必要条件还需要其他的条件。也就是说，如果想使学习者的英语学习达到较高的水平，除了对其进行可理解的输入外，还需要考虑学习者可以理解的输出。

学习者需要充分地理解并有效地运用既有的学习资源，将其准确、合理地输出在这一过程中。只有这样，学生的语言水平才能得到较大程度的提升，从而在不断输出的过程中意识到自己在语言表达方面所存在的问题。在英语教学实践中，教师应该尽可能给学生提供充足的语言表达和运用的机会，不断地培养和提高学生语言表达的准确性和流利性。

斯温认为，语言输出的作用主要体现在以下几个方面：

①检验自己所提出的假设是否正确，是否具有一定的可行性。

②使学习者侧重把握语言形式。

③让学习者能够有意识地进行自我反思。

斯温的输出假设对英语教学有一定启示。当英语教师意识到语言输出活动对语言学习的重要性之后，就会针对此设计一些交际性的口头或笔头的语言实践活动，如让学生复述、小组讨论、组织辩论等。在编写教材的过程中，教师也会着重添加一些实际性的语言输出活动，如角色扮演、针对某一话题发表不同意见和见解等。

（四）言语行为理论

言语行为理论作为语言语用研究中的一个重要理论，最初是由英国哲学家约翰·奥斯汀（John Austin）在 20 世纪 50 年代提出的。

之后，美国的哲学语言学家约翰·塞尔（John Searle）对言语行为进行了深入探讨。

1. 奥斯汀的言语行为理论

奥斯汀将话语分为表述句和施为句两大类别。他在此基础上提出了言语行为三分说。

（1）表述句与施为句

表述句是用来描写、报道或陈述某一客观存在的事态或事实的句子。表述句可以验证，并且具有真假值。

例如：Jim is lying in bed.（吉姆躺在床上。）

如果 Jim（吉姆）确实在床上躺着，这句话就为真，反之则假。

施为句是用来创造一个新的事态以改变世界状况的句子。施为句不可以验证，也不具有真假值。

例如：I call the toy horse Spirit.（我把玩具马叫作"精灵"。）

这个句子既无法验证，也无法判断真假。这个句子的意义是给玩具马命名，即给客观环境带来了改变。

可见，表述句与施为句的最大区别是表述句以言指事、以言叙事，而施为句以言行事、以言施事。

（2）言语行为三分说

奥斯汀发现了表述句和施为句两分法的不足之处并修正了自己的观点，提出了更为成熟的言语行为三分说。他将言语行为分为以下三个层次：

①以言指事行为。它是指移动发音器官，发出话语，并按规则将它们排列成词、句子，是通常意义上的行为。

②以言行事行为。它指的是通过说话来实施一种行为或做事。它是表明说话人意图的行为，可将以言行事行为简称为"语力"。奥斯汀将以言行事行为分为评价行为类、施权行为类、承诺行为类、伦理行为类和表态行为类五个类别。

③以言成事行为就是以言取效行为。它是指说话带来的后果。需要说明的是，以言成事行为或以言取效行为只是用来指一句话导致的结果，不论结果如何都与说话人的意图无关。

2.塞尔的言语行为理论

塞尔的主要贡献是改进了奥斯汀对以言行事行为的分类，并提出了间接言语行为理论。

（1）塞尔对以言行事行为进行了重新分类

塞尔将以言行事行为分为以下五类：

①承诺类。它表示说话人对未来的行为做出不同程度的承诺。此类行为的动词包括 threaten、pledge、vow、offer、undertake、guarantee、refuse、promise、commit 等。

②表达类。它表达说话人的某种心理状态。此类行为的动词包括 congratulate、apologize、deplore、regret、welcome、condole、boast 等。

③断言类。它表示说话人对某事做出真假判断或一定程度的表态。此类行为的动词包括 deny、state、assert、affirm、remind、inform、notify、claim 等。

④宣告类。它表示说话人所表达的命题内容与客观现实之间的一致。此类

行为的动词包括 nominate、name、announce、declare、appoint、bless、christen、resign 等。

⑤指令类。它表示说话人不同程度地指使或命令听话人去做某事。此类行为的动词包括 request、demand、invite、order、urge、advise、propose、suggest 等。

塞尔的重新分类具有很强的科学性，直到今天仍在使用。

（2）间接言语行为理论

间接言语行为是指通过实施另一行为而间接得以实施的言语行为。

例如：Can you pass the bottle for me?（你能把瓶子递给我吗？）

这种言语行为虽然表面上在进行"询问"，但实际上表达的是一种"请求"行为，即"请求"是通过"询问"间接实施的。

塞尔进一步将间接言语行为分为规约性间接言语行为和非规约性间接言语行为两个类别。规约性间接言语行为通常出于对听话人的礼貌，且根据话语的句法形式可立即推断出其语用用意。而非规约性间接言语行为往往比较复杂，需要更多地依靠交际双方共知的语言信息和所处的语境来进行推断。

二、心理学理论

（一）行为主义心理学

行为主义学习理论最初来源于俄国生理学家伊万·彼得罗维奇·巴甫洛夫（Ivan Petrovich Pavlov）的"条件反射"概念。20 世纪初，美国心理学家约翰·布罗德斯·华生（John Broadus Watson）创立了行为主义学习理论。美国学者伯尔赫斯·弗雷德里克·斯金纳（Burrhus Frederic Skinner）对华生的行为主义进行了继承和发展。这里主要介绍华生和斯金纳的观点理论。

1. 华生经典行为主义理论

华生把有机体应对环境的一切活动称为"行为"，行为的基本成分是反应。反应分为习得的反应和非习得的反应。前者包括人们一切复杂的习惯和人们的一切条件反射，后者则是指人们在条件反射和习惯方式形成之前的婴儿期所做的一切反应。他将引发有机体反应的外部和内部的变化称为"刺激"，而刺激必然属于物理的或化学的变化。任何复杂的环境变化最终总是通过物理变化或化学变化转化为刺激作用于人的身上。换句话说，刺激和反应都属于物理变化或化学变化，由此便形成刺激—反应（S—R）公式，通过刺激可以预测反应，通过反应可以推测刺激。

华生认为，学习就是以一种刺激替代另一种刺激建立条件反射的过程。在他看来，人类出生时只有几个反射和情绪反应，所有其他行为都是通过条件反射建立新的刺激—反应（S—R）连接而形成的。

华生主张心理学应该摒弃意识和意象等太多主观的东西，只研究个体所观察到的并能客观地加以测量的刺激和反应，无须理会中间环节，华生将此称作"黑箱作业"。他认为，人类的行为都是后天习得的。环境决定了一个人的行为模式，无论是正常的行为还是病态的行为都是人通过学习而获得的，也可以通过学习而更改、增加或消除。他还认为，只要查明了环境刺激与行为反应之间的规律性关系，就能根据刺激预知反应，或根据反应推断刺激，达到预测并控制动物和人的行为的目的。华生认为，行为就是有机体用以适应环境刺激的各种躯体反应的组合，有的表现在外表，有的隐藏在内部。在他眼里，人和动物没什么差异，都遵循同样的规律。

2. 斯金纳新行为主义理论

斯金纳于 1957 年发表了《言语行为》（*Verbal Behavior*）一书，从行为主义角度对言语行为系统进行了分析。斯金纳认为，人们的言语以及言语中的各个部分都是在受到内部或外部的刺激的情况下产生的。具体来说，斯金纳提出了"操作性条件反射"（operant conditioning）的观点，这一观点强调语言学习的过程是一个不间断的操作（operant）过程，即发出动作然后得到一个结果或一个目的，这一动作就被称为"操作"。如果这一动作的结果是令操作者满意的，操作者就会重复"操作"，这时"操作"便得到"强化"，称为"正向强化"（positive reinforcement）。儿童的语言学习过程正是这样一个不间断的"操作"过程，使语言行为逐步形成。

斯金纳认为，在某一语言环境中，他人的声音、手势、表情和动作等都可以成为强化的手段。例如，教师可以通过表扬、肯定和满意的表示，使学生的某种言语行为得到强化。只有言语行为不断得到强化，学生才能逐渐养成语言习惯，学会使用与其语言社区相适应的语言形式。如果言语行为没有得到强化，语言习惯就不能形成，语言也就不能学习到。在学习时，只有反应"重复"出现，学习才能发生。因此，"重复"在学习中的作用是不容忽视的。

行为主义的学习模式具体如图 2-1-3 所示。

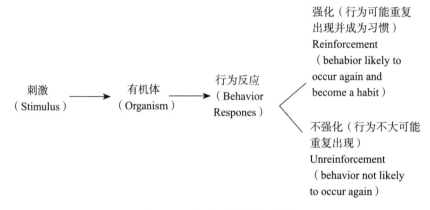

图 2-1-3　行为主义的学习模式

通过上述介绍可以看出，行为主义学习理论的形成主要基于以下六个观点：

①语言是一种习惯，是人类所有行为的基本部分，是在外界条件的作用下逐步形成的。

②在语言习得和语言学习过程中，外部影响是内在行为变化的主要因素。语言行为和习惯是受外部刺激的影响而发生变化，而不受内在行为的影响。

③儿童习得和学习语言的过程是按照操作制约的过程进行的，即发出动作—获得结果—得到强化。这也是儿童习得语言的最基本的客观规律。

④学习是刺激与反应的连接，其基本公式为 S—R。也就是说，有怎样的刺激，就有怎样的反应。

⑤学习过程是一种渐进地尝试—错误的反复循环—最后成功的过程。学习进程的步子要小，认识事物要从部分到整体。

⑥强化是学习成功的关键。语言行为需要正向强化才能形成并得到巩固。正向强化主要是指学习上的成就感及他人的赞许和鼓励，这是帮助学习者形成语言习惯重要的外部影响因素。

当然，行为主义学习理论有很多不足之处，如它完全否认了人类学习的内在心理机制，忽视了人类的主观能动性，难免会走向机械主义和环境决定论，受到认知主义等学习流派的批评。尽管如此，行为主义心理学的研究对英语教学仍有着重大影响，这些影响明显体现在实际的英语教学实践中。例如，在语言学习的初级阶段，学生的不断观察、模仿和实践就是遵循了行为主义的学习理论。在外语教学的初级阶段，反复操练被看作是语言学习的一个重要且有效的手段，并得到了广泛的应用。

（二）人本主义心理学

人本主义的学习理论起源于 20 世纪五六十年代在美国兴起的一种心理学思潮，被称为"心理学的第三势力"。这一理论认为，教育能够为学习者提供一个心理环境，这个环境充满人情味，学习者在这个环境中得到辅导并将其固有潜能充分地发挥出来。

1. 学习动机论

人本主义心理学的动机论是以亚伯拉罕·马斯洛（Abraham A. Maslow）的"需求层次论"为基础的。马斯洛从人的自我实现需要出发，将人的需要从低级到高级分为五个等级：生理需求（Physiological needs）、安全需求（Safety and Security needs）、社交需求（Love and Belonging needs）、尊重需求（Esteem needs）和自我实现需求（Self-actualization needs）。其中，对于自我实现需求，马斯洛认为人具有"自我实现"的动机，有"自我实现"需要的人总是致力于他们认为重要的学习和工作。

在自我实现阶段，当学生的自我意识占据主导地位并认识到了自己的价值和能力时，学生便能独立地、创造性地做出判断和决定，从而实现自己的愿望。

2. 学习类型论

例如，一个 5 岁小孩迁居到另一个国家，在不进行任何语言教学的情况下，让他每天与新的小伙伴一起自由地玩耍，他就可能成为充分利用自己的能力来学习的人。

人本主义心理学，在最开始的时候并不是因为人们对学习和学习过程的研究才形成的，而是起源于心理学和社会学的学科和实践。一些心理学家发现，临床心理学和社会工作者以及心理咨询工作者对人类的一些行为的基本原理和基本假设有着相似观点，心理学家对这些观点开始研究，从而产生了人本主义心理学。

人类可以把自己身上存在的潜伏的东西变成现实的东西，人类具有这种基本的倾向，这属于人类的最高层次的需求。人们会对自己的天赋、潜力和能力等内容进行充分的开拓，并可以利用这些内容达到自我实现。将自己的各种天赋和能力尽力开发出来的人比较容易实现自己的愿望，这类人在面对自己力所能及的事情时会尽全力去完成。

罗杰斯按照马斯洛的需求层次理论提出"自我实现"的三个阶段，分别是：

①"映射"阶段。人们在这个阶段的发展并不是由于内心的欲望去做事情，而是外界要求人们这么做的，这是外界的"映射"。学生认为自己要好好学习，但是这个目标是教师、家长要求学生设立的。

②混乱阶段。当学生产生自我意识的时候，学生内心的观点很可能就与教师和家长的要求相冲突了，这样会让学生更加茫然，使其处于混乱之中。

③自我实现阶段。学生的自我意识可以在学习中起主导作用，学生能独立作出决定和判断。

怎样让学生产生"自我实现"的学习动机的问题呢？

①将过去避开。当学生投入学习的时候，要将前面的事情的影响先排除掉，要全身心投入到学习中，心无旁骛。这一点对差生更加适用，因为差生会对自己之前学习不好的印象更加深刻，觉得自己不会学好，那么持有这种观点就只会影响他们的信心，使他们停滞不前。

②时刻保持积极的态度，坦然接受。什么是积极接受的态度？这种态度使学生在学习的过程中不光要学会独立思考，还要虚心接受别人给自己的意见。基于这种态度，马斯洛认为，当人们以非干扰和安全接纳的方式和他人相处的时候，会有更多收获，要建立互助友爱的同学关系。

③防止"低俗化"和"约拿情结"这两种心理障碍的影响。"低俗化"指的是认为自己已经将世俗看透，因此不再相信神圣和美好的东西。"约拿情结"指的是对神圣的、美好的事物会产生畏惧的心理。

罗杰斯将学习分为无意义学习和有意义学习。

①无意义学习。在罗杰斯看来，无意义的学习只跟人类的心智有关系，并不和人的感情相关，也不和个人意义有联系，因此其就不属于一个完整的人在学习。无意义学习就相当于对无意义音节的学习，在学习无意义音节的时候，这对很多

学生来说都是比较困难的，因为这些无意义的音节没有意义、联想，十分枯燥，并且也没有太大意义，人学过去也就很快忘记了。罗杰斯认为，其实课堂上的很多学习内容都是无意义的，学生会发现学习的课程里有不少内容和个人意义无关。

②有意义学习。有意义的学习很多，在帮助学生增长知识和见识的同时，还会让学生的态度、行为、个性发生变化，对其未来的选择行动方针产生影响，这种学习和每个人的经验都融合在了一起。例如，一个小孩儿很可能在短短的几个月内就会学会一种新的语言，并且口音也和当地相似。之所以发生这种情况，是因为这个小孩儿在学习新的语言的时候，其实就是在学习对自己有意义的内容，其学习效率自然很高。但是，如果不让这个小孩儿与当地的人接触，而只让一个专门的语言教师去教小孩儿，并且在教的过程中使用的材料对小孩儿没有意义，那么小孩儿的学习效果就不会很好。罗杰斯认为，意义学习之所以可以取得更好的效果，是因为它将逻辑和直觉、观念和意义、概念和经验以及理智和情感相结合。

罗杰斯总结出有意义学习的四个要素：

①学习具有个人参与的性质，人的认知和情感都投入到学习活动中。

②由自我发起的学习，在自我愿望的支持下，人们会主动去对事件进行发现、探索和了解。

③学习具有渗透性，可以帮助学生改变行为、态度和个性。

④学习由学生进行自我评价，评价的内容包括学习需求、学习的目标完成情况等，这种评价最有价值，因为学习的效果只有学生自己最清楚，学生知道学习是否帮助自己达成目标，满足自己的需求，让自己将原本不了解、不清楚的事情掌握明白。

3. 学习实质论

人本主义心理学指出学习的实质是形成和获得经验，学习的过程就是经验的形成和获得的过程。在人本主义心理学的基础上，人本主义学习理论则从以下四个方面来解释学习的实质：

（1）学习即"形成"

在人本主义学习的理论中，学生掌握和习得学习的方法十分重要，要在学习的过程中获取知识和相应的经验。在学习的过程中，知识除了从课本上获取和从教师的经验中获取，还有一部分是从实践中获取的。学生通过学习，从而发现自我，并学会自我评价、自我创造，这种实践的经验是最有价值的，也是最有意义的，同时，通过实践，学生能够掌握学习的各种方法和经验。可以说，最有用的学习是学会如何学习。

（2）学习即理解

在罗杰斯看来，个人的学习是一个心理的过程，并不是机械的刺激和反应之间的连接，学习是个人对知觉的解释。如果两个人的经验和知识结构不相同，那么在对同一个事物进行感知的时候产生的反应就是不一样的，出现这种情况的原因在于这两个人对知觉有着不同的解释，他们眼中的世界也是不相同的，因此对世界的反应也会显出不同来，这种不同不是由连接的不同造成的。基于此，学生的学习过程最重要的是了解学生对外界情境或刺激的解释，而不是只了解外界情境或外界刺激。

（3）学习即潜能的发挥

人类具有学习的自然倾向，也具有学习的内在潜能，这是人本主义心理学的观点，人本主义者认为人类的学习是有目的的学习，是自发的，也是一个有选择的学习过程。在人本主义的学习观点看来，学生是一个有目的的人，会对自己的行为进行选择和塑造，并且可以从中获得满足。基于这种学习观，再来看教学，教学要激发学生的学习潜能，教学的任务就是要创设出有利于这种潜能激发的情境，让学生在这种情境中充分发挥自己的潜能。在教学过程中，一切要以学生为中心，教师要做的是引导和鼓励学生增强对自我和变化环境的理解。此外，人本主义学习观认为学习的过程应该是愉快的，教师不能强迫来完成学习任务，也不能惩罚学生。

（4）学习是对学生有价值的学习

马斯洛和罗杰斯都认为，学习的内容必须对学生有一定价值，学习的知识也应该是有意义的。在罗杰斯看来，学生所学的知识只有真正被学生挖掘出其用途，这种学习才是最有效的学习，也是最好的学习。只有当学生真正对所学的知识感兴趣，或者认为学习的经验是有价值的，学习的技能是有用的，这种学习才是可以持久的，学习的过程才是容易的。反之，如果学生认为某项知识或经验技能价值比较小，学起来没有什么用，那么他在学习的过程中就会觉得很困难，即使当时获取了知识，但是很快也会遗忘。因此，教师要对学生的兴趣和爱好予以尊重，根据学生自我实现的需要，可以给予学生根据其兴趣和需要来选择学习内容的自由。

（三）认知心理学

认知学习理论是通过研究人的认知过程探索学习规律的学习理论。认知学习理论倡导者认为，学习是要根据当下面对的不同问题情境，先在内心经过积极的组织，最终形成和发展认知结构的过程，学习更加强调刺激与反应之间的联系，这种联系的中介就是意识，学习认为认知的过程十分重要。

认知学习理论的代表人物是让·皮亚杰（Jean Piaget）。皮亚杰创立了皮亚杰学派和信息加工心理学，即运用信息加工的观点研究人的认知活动。

皮亚杰认为，一个人的知识的取得可以追溯至其童年时期，甚至是胚胎时期。皮亚杰的理论试图以认知的社会、历史根源，以及认知所依据的概念和"运算"的心理起源为依据来解释认知，尤其是科学认知。在皮亚杰看来，人出生以后如何形成认知、发展思维，认知受哪些因素制约，各种不同水平的智力和思维结构是如何先后出现的等问题都值得研究。他的研究主要集中在两个方面：认知发展的阶段性问题和认知发展的机制。其中，认知发展的阶段理论最具有广泛的影响意义。皮亚杰从认知图式的性质出发，将儿童的认知发展划分为以下四个阶段：

1. 感知运动阶段（0～2岁）

在这一阶段，儿童处于智力和思维萌芽的阶段，主要靠感觉和动作来认识周围世界。

2. 前运算阶段（2～7岁）

在这一阶段，儿童脑海里开始有事物的表象，儿童能够用词代表头脑中的表象，认知开始具备符号功能。尽管他们能够进行初级的抽象，并且能够理解初级概念，但是，在他们的认知结构中，知觉表象仍然是占有优势的，他们的主要思维形式仍然是形象思维和直觉思维。

3. 具体运算阶段（7～11岁）

在这一阶段，儿童的思维水平有了实质的变化。他们的认知结构中有了抽象的概念，他们具备了一定的逻辑推理能力。此时，借助具体事物和形象，儿童可以做出一定程度的推理。

4. 形式运算阶段（11～15 岁）

在这一阶段，儿童逐渐摆脱了具体实际经验对推理的控制，能够做到不借助具体事物，做出符号形式的推理假设。

在影响人的心理发展的因素上，皮亚杰认为，成熟、练习和经验、社会性经验、平衡化是四个基本因素。

总之，认知心理学冲破了行为主义对心理学的禁锢，对原先无法探测的大脑活动过程进行了科学的抽象，将其简化为可以直接观察的心理模型，通过客观方法研究更加高级和复杂的认知活动，使人类对自身的认识向前推进了一大步。

第二节　高校英语教学的基本内容

一、基本内容

（一）语言知识

学习一门语言的基础在于学习语音、词汇、语法、语篇和功能等，英语语言学习中也不例外。学生学习英语的首要目的就是学习这些基础知识，它们是培养学生综合语言能力的重要保障。也就是说，大学生要想熟练运用英语这门语言，应对语言知识有良好的把握。

（二）语言技能

除了学习语言知识，大学生还需要学会英语语言的五项技能，即听、说、读、写、译。

①听力技能训练是为了培养大学生对话语含义的识别、理解和分析能力。

②口语技能训练是为了培养大学生口头输出已知信息、表达思想的能力。

③阅读技能训练是为了培养大学生对语言内容的辨认和理解能力。

④写作技能训练是为了培养大学生运用书面形式输出已知信息和表达思想的能力。

⑤翻译技能训练是为了培养大学生的综合能力，涉及信息的输入和输出。

听、说、读、写、译是大学生综合运用能力的基础。通过这五项技能的训练，大学生可以在具体的交际实践中做到得心应手。

（三）文化意识

由于语言与文化有着密切的关系，对语言的学习不离不开对文化的学习。语言教学如果脱离了文化教学，那么就没有了思想性和人文性。对此，在教授英语时，教师需要引导大学生了解语言背后的文化知识，如西方国家的地理历史、风土人情和生活习惯等。

在具体的教学中，有两点需要注意。

①要考虑大学生的心理需求和认知能力，将文化知识循序渐进地加以导入，从而不断培养大学生的文化意识，拓宽大学生的文化视野。

②在引导大学生学习西方文化时，不能盲目地引入，还要避免大学生出现崇洋媚外的情况。

（四）学习策略

学习策略是指学生为了学好语言知识所采取的方法和步骤。在英语语言学习中，学习策略有很多，如情感策略、调控策略和认知策略等。大学生只有建立学习策略，才能更好地开展英语学习，提升英语能力。具体而言，学习策略的意义体现为以下两点：

①大学生运用正确的学习策略有助于提升学习效率，养成良好的学习习惯。

②大学生运用正确的学习策略有助于改进学习方式，减少学习中遇到的困难，即使遇到困难也会找到合适的解决方式，最终提升学习效果。

在大学英语教学中，教师应该引导大学生发现和培养学习策略，对自己的学习过程进行监控。如果大学生在学习中遇到问题，则应该能够调整自己的学习策略，尝试选择不同的策略。

二、基本关系

（一）语言知识与语言技能的关系

我国的英语教学从 20 世纪 70 年代至今，先经历了重知识、轻技能的阶段，之后受到交际教学法的影响，教育的侧重点变成了注重技能、忽视知识的情况，这种情况明显与我国所推崇的中庸思想是相违背的。在中庸的思想看来，要讲究"知行合一"，要做到"博学之，审问之，慎思之，明辨之，笃行之"。实践在学习中十分重要，孔子对此提出"学而时习之，不亦乐乎？"的名言。在现在的英语学习中，我们要处理好语言知识和语言技能的关系，这种关系的处理离不开"知行合一"的思想指导。语言能力由语言知识和技能组成，语言学习的目标是学习知识和技能，而语言知识和语言技能是相互影响和相互促进的。

我们要知道，要想发展语言技能，就一定要先掌握语言知识，如果没有掌握语言知识，没有语音知识和词汇的基础，也没有掌握英语的语法知识，那么语言技能的掌握也就无从谈起。要学习语言知识，就一定要经过听、说、读、写的过程，这样才能将知识更好地进行感知和体验，最终获得知识。另外，教育上的中庸思想还有一个比较重要的教学思想就是启发式教学思想。孔子主张"不愤不启，不悱不发"。在学习过程中，学生有时会展现出"愤"和"悱"两种状态。面对这两种不同的状态，要学会采用"启"和"发"的方法。

朱熹认为："愤者，心求通而未得之意；悱者，口欲言而未能之貌。"程颐对采用启发式教学的原因进行了说明："不待悱愤而发，则知之不能坚固；待其悱愤而后发，则沛然矣。"启发式的教学思想对于语言知识的教学，尤其对于英语中的语法教学尤其重要。

英语的语法教学是一个十分重要且敏感的话题。我国的英语教学，在很长一段时间内，十分强调语法知识，并且语法知识占用的课时较多。在这种情况下，语言技能就被忽视了。但是，如果一味纠正语法教学的地位，只强调通过自然的学习获得语言的能力，而不教授语法，反而容易将语法教学轻视，这又是另一种极端了。在我国的英语教学中，语法教学十分重要，语法教学不能被忽视，应该关注的问题是如何教好语法。填鸭式的灌输方法明显不适用于语法教学，语法教学要让学生大量接触语言材料。语言材料接触得多了，学生慢慢就会建立起语言规则的假设，然后获得学习的启发，习得语法知识。

（二）英语教学中的其他基本关系

如上文所述，英语教学是一个复杂的系统工程，所涉及的因素和矛盾非常多，如汉语和英语、外国文化和中国文化、听说能力和读写能力等。在处理这些矛盾时应该采用辩证统一的态度，不要把两者简单地对立起来，要遵循适度的原则，防止从一个极端走向另一个极端。

人们如果没有对客观规律有足够的认识，或者受限于传统思维的制约，就很容易产生忽左忽右的极端认识现象。我国的英语教学现在偶尔还会出现这种现象。在国际交往中，英语的作用是毋庸置疑的，人们在贸易往来等多方面的国际交流中都需要英语这个语言工具，但是，正是由于这种全社会的认知，人们很容易就会产生英语比汉语还重要的错觉，而只关心英语的学习，将汉语的学习排在后面。我们不能不重视英语的学习，但也不能因为学习英语而忽视汉语学习。

另外，在处理英语和汉语之间的关系时，我们要注意不要过分夸大汉语的干扰作用。汉语是我们的母语，我们从出生起就在接触汉语，在我们开始学习英语的时候，我们的汉语已经能够达到进行熟练交际的水平了。我们在很小的时候就已经掌握了汉语词汇和基本语法，汉语的听、说、读、写的能力也已经达到了一定的水平，在这种基础上，我们才开始将英语作为外语进行学习，这时英语才成为目标语。

关于母语和目标语的关系，"迁移"的问题是经常被提到的。什么是迁移？这一概念其实是一种学习策略，在我们学习外语的时候经常用到。迁移是指学习者利用已经掌握的语言知识对新的语言进行理解，迁移这种学习策略出现的最频繁的时期是英语学习的初期。这是因为，我们在刚开始接触英语的时候还不熟悉语法规则，又因为只掌握了汉语的语法规则，而只能将汉语的内容迁移到英语中帮助我们理解。但是，在迁移的过程中，母语对目标语的学习的影响有正负之分，干扰了目标语的学习就是负迁移，促进了目标语的学习就是正迁移。英语与汉语存在不少相似的地方，因此可以利用正迁移来让汉语帮助我们学习英语。

在对待汉语和英语之间的关系方面，人们有两种极端的态度。一种态度是利用汉语进行英语的教学，这种方式容易产生很多弊端。如果使用英语教学，则有两个好处：创造英语的氛围，以及增加英语的输入，减少汉语的负向迁移。对于中国的英语学习者来说，汉语是他们的母语，他们在学习英语时避免不了与汉语的相关内容进行比较，如果在这个过程中汉语的辅助使用得过多，就容易让学生不能摆脱对汉语的依赖，这种学习的习惯是非常不利的。同时，学生在听、说、读、写等语言活动中会不断地把听到的、读到的，以及需要表达的英语先转换成汉语，这样就会使他们很难流利地使用英语，也不可能写出或讲出地道的英语。

还有一种态度与上一种完全相反，就是学生会刻意回避汉语，虽然这种做法比较困难，但是也是不利于英语的学习的。汉语可以作为英语课堂的教学手段，但是不能使用过度。利用英语和汉语之间的比较，教师可以提高教学的预见性和针对性。对于英汉两种语言相同的内容，学生学起来比较容易，教师只要稍加提示，学生就很容易掌握。某些内容为英语所特有，学生学起来就比较困难，教师应该有针对性地将其作为教学的重点，适当增加练习量。对于两种语言中相似但是又不相同的内容，学生很容易受到汉语的干扰，教师在教学过程中要多加注意。

文化的组成离不开语言，可以说，语言是文化的重要载体。作为一名英语学习者，如果想要熟练使用英语进行交际，就离不开对英语国家的文化的了解，我国的英语教学已经开始重视跨文化交际的教学情况。但是，有些人在英语学习的过程中，只重视对于外国文化的学习，却将中国文化的学习放在了后面。在这种情况下，会产生不良的学习效果。除了与国际交流外，我国学生学习英语的目的还在于可以利用英语在全世界传播中国的优秀文化，让世界看到中国。但是，到了大学阶段，一些学生即使学完了英语课程，过了四六级、专四专八，也不知道怎样用英语说"孔子"，不会利用英语翻译我国的古典文学名著。在英语教学中，教师如果不对学生的文化学习进行引导，学生的价值观和道德观就很容易受影响，使学生对我国的传统文化一知半解。学生只有掌握了本国的文化，才能提高对外国文化的理解，进而提高英语的水平。

如果教学只重视对学生英语的听说能力的培养，那么学生的读写能力就会被忽视。我国的英语教学一直都没有很好地将学生的听说能力培养起来，即使学生学习了多年的英语，也可能不能用英语进行交际，这样就会形成所谓的"哑巴英语"。我国的英语教学一直都应该将学生听说能力的提升当作一个重要的、需要解决的问题对待。但是，我们在解决听说能力的培养的同时也不能忽视对于学生读写能力的培养。听说能力的提高在很大程度上与学生的读写能力的水平相关。心理语言学的研究成果告诉我们，在语言学习的过程中，大量的信息输入并通过内部语言系统进行了加工，进而转化成一定程度上的外部语言，阅读是信息输入的重要途径，也就是说，没有足够量的阅读，要想提高口语能力也是不可能的。另外，读写能力是一个受过良好教育的人的基本标志。听、说、读、写四项技能是一个相辅相成的有机整体，在以往的英语教学中，我们常常忽视了对于听、说能力的培养，在纠正这一错误倾向的同时，也要注意不要走向另一个极端。因此，我们在解决"哑巴英语"这一问题的同时，也要避免产生"文盲英语"的现象。

第三节　高校英语教学的基本原则

一、以学生为中心原则

学生是教学活动的主体与内在因素，英语教学要以学生为中心，充分发挥学生的主观能动性，提高教学效率。在英语教学中，实施以学生中心原则时，要求教师从以下两个方面着手：教材分析要以学生为中，教学方法和手段的选择要以学生为中心。

（一）教材分析要以学生为中心

当进行教材分析时，教师应充分理解并把握教学内容，了解学生所处的阶段的实际情况和学生的学习状况，以此作为调整教学目标与任务的依据。教师还要根据学生的需要，对教材内容和活动进行心理化处理和最优化处理，使教材与学生的经验和体验结合起来，将教材内容变成问题的链接和师生对话的中介，使教材更好地服务于教学。

（二）教学方法的选择要以学生为中心

在英语教学过程中，教师应选取多样化的教学方法和手段，做到以学生为中心。直观的教学方法可以使学生直接感受和理解语言，视、听、说等手段可以激发学生参与的兴趣，强化其记忆。形象化的教学手段可以适应学生的直觉思维特点，因此，教师可选择一些利于激发学生兴趣和好奇心的媒体，如幻灯、投影、模型、录音、图片等，使学生积极地参与课堂学习，自然地感知语言，满足其个人需求。

二、循序渐进原则

英语教学的循序渐进原则主要包括以下三层含义：

①语言的学习应从口语开始，逐渐过渡到书面语。英语包括两种形式：口语和书面语，且口语早于书面语出现。与书面语相比，口语的词汇通常较为常用，句子结构简单，学习起来比较容易。学生通过口语的学习可以尽快地获得交际技能，以满足日常交际的需要，这样就达到了学用结合的目的。

②就听、说、读、写等语言技能的培养而言，教师应该侧重培养学生的听说能力，逐渐过渡到对于学生的读写技能的培养上。听、说、读、写是英语的四项基本技能，应该全面发展，但是，在不同的阶段，学生的侧重点应有所不同。听说教学能使学生掌握基础的语言知识，包括语音、词汇、句子结构等，这为读写能力的培养奠定了基础。因此，在英语学习的初级阶段，教师应加强"听、说"的教学，逐步向"读、写"教学过渡。

③英语语言知识、语言技能，以及使用语言的能力的完成和提高是一个循序渐进的过程。学习英语是一个螺旋式发展的过程，需要反复地循环，但这种循环并非单一的重复，每一次重复在难度和深度上都会有所提高。此外，循环往复要求在教学中做到以旧带新，从已知到未知。因此，教师应以学生已有的语言知识和已熟悉的语言技能为出发点，传授新知识，培养新技能。

三、输入优先原则

英语教学要坚持输入优先原则。输入和输出，是指学生通过听和读接触英语语言材料，通过说和写进行表达。语言输入的量越大、质量越好，语言输出的能力就越强。可见，输入是输出的基础。

埃利斯（Ellis）在其著作《理解第二语言习得》一书中，对外语学习中对待语言输入的三个方面特点进行了总结和归纳：一是可理解性，是对所输入语言材料的理解。二是趣味性和恰当性，指学习者对所输入的语言材料要感兴趣。三是足够的输入量。足够的输入量在英语教学中也至关重要，但目前英语教学对此点有所忽视。

基于埃利斯对语言输入三方面特点的总结，在英语教学中坚持输入优先原则要注意以下几个方面：

①注重输入内容和输入形式的多样化。输入形式可以包括声音、图像、文字等，语言题材和体裁要内容广泛、来源多样。例如，日常生活中的文具、衣服、道路标志、电器等就可以帮助学生学到许多英语。

②教师可以通过视、听和读等多种手段，尽可能多地让学生接触英语，多给学生可理解的语言输入。教师应该打破课内外的界限，利用声像材料的示范、贴近学生日常生活和学习的、适合学生的英语水平的、具有时代特色的读物等，扩大学生的语言接触面，增加学生的语言输入，以利于学生更好地学习英语。

③着重强调学生的理解能力，为学生提供的语言材料要切合学生的实际情况，具有可理解性和趣味性。向学生输入的材料要符合学生的现有水平，只要求学生理解，不必刻意要求学生即刻输出。在教学方法方面坚持了先输入、后输出的原则。学生仅依靠语言的输入不可能掌握英语并形成综合运用英语的能力，还需要适当的口头和笔头的表达来检验和促进语言的输入。

④鼓励学生进行模仿。有效的模仿是指模拟生活中的真实情景，注意语言结构所表达的内容。换句话说，模仿最好是让学生身临其境地去使用所要模仿的语言。例如，在结对练习、小组练习的时候，学生要根据实际情况使用所学习的语言，从而把声音和语言的意义结合起来，以便在课外运用所学语言。模仿是指在优先输入语言的基础上，对语言进行有效练习和输出实践。

四、兴趣性原则

在英语教学中，教师应意识到兴趣的巨大作用，尽可能调动学生的内在动机，激发学生学习英语的主观愿望，以获得更好的教学效果和学习效果。在英语教学中，教师可从以下几个方面入手来调动学生的学习兴趣：

①尊重学生的主体性，充分了解学生的特点。教师必须清楚地认识到学生是英语课堂的主体，学生只有通过积极、主动地尝试和创造，才能获得认知和语言能力的发展，教学活动也才能达到预期的效果。教师要根据学生的心理和生理特点，遵循语言学习规律，采用多种教学方式，让学生通过体验和实践进行学习，从而使学生形成语感，提高学生的交流能力。

②改变强调死记硬背、机械操练的教学方式以及传统的英语测试方式。英语学习需要一定的死记硬背和机械操练的活动，但是，如果机械性操练太多和太滥，

则很容易使学生降低甚至失去学习英语的兴趣。为此，教师应该以学生感兴趣的方式帮助学生获取知识，使他们在获得交际能力的同时相应提高综合素质。

③对教材进行深度挖掘。教师在备课过程中，应认真地研究教材，挖掘教材中学生感兴趣的内容和话题，使每节课都有让学生感兴趣的内容和活动，以最大限度地调动学生的积极性。

五、系统性原则

英语教学要遵循系统性原则，目的是使学生对所学内容能有比较系统、完整的概念，使各部分知识之间，以及新旧知识之间建立有机的联系，在消化所学内容时思路清晰且有层次。具体来说，系统性原则主要涉及以下几点：

（一）系统安排教学工作

英语教学工作的安排要有计划性，要做到以下几点：

①教师要有计划地备课。例如，一篇课文要上八课时，教师在备课时要一次性备完，不能今天上两节课就备两节课的内容，要一次性备好。

②教师的讲解要逐步深入、条理分明、前后连贯、新旧联系、突出重点，一环套一环，一课套一课，形成一个有机且系统的体系。

③教学的步骤和培养技能的方法应该符合掌握语言的过程。要根据课程的最终教学目的，由易到难，逐步提高要求。

④练习要具有计划性，要先进行训练性练习，再进行检查性练习。此外，练习的形式要具有系统性，相同的练习形式也要有不同的要求。

⑤布置的家庭作业和讲课的重点应当密切结合。每次作业要有明确的目的，对于课内和课外要通盘考虑。

⑥教师要经常检查学生掌握知识和技能的情况，每节课要留有一定的提问时间并进行相应的记录，这可以对学生起到督促的作用。对于学生的平时成绩，教师不能仅凭印象来评定，对于学生所做的口头作业和笔头作业要有记录。

（二）系统安排教学内容

英语教学内容的安排要有严密的计划和顺序。低年级英语教材教学内容的安排基本上应是圆周式的，对系统不要机械地去理解，切忌照搬科学的系统。教师应该按教科书的安排特点和班级的情况合理组织讲课的内容，确定讲课的重点。当出现一个生词时，教师不要急于一次把这个生词的所有意义和用法全部教给学生。当教授一条新的语法规则时，教师不要一次向学生交代有关这条规则的全部知识，要将知识分步教给学生。教学内容的安排应该服从教学的系统，这样教学才能由浅入深、由易到难，由分散到系统。

（三）系统安排学生学习

教师要指导学生进行连贯的学习。学习要循序渐进，要经常、持久、连贯地学习。因此，教师在教学时要有恒心，经常带领学生进行复习和做好功课。此外，教师还要指导学生正确处理好平时和期末的关系，必须让学生明确将学习重点放在平时，平时训练要从难、从严，要坚决反对那种平时学习不努力，期末考试临时抱佛脚、突击开夜车的做法。此外，教师还要经常关心和指导学生学习，针对学生的个人特点因材施教。

六、真实性原则

在英语教学中，坚持真实性原则就是要在教学的各个环节中做到真实，以培养学生综合语言运用能力为总目标，以交际法和任务型教学为策略，使学生在真实环境中获得真实语言能力。语用真实是真实性原则的重要内涵。

在英语教学中，教师要实现语用真实，应做到以下几个方面：把握真实语言运用的目的、采用语用真实的教学内容、设计组织语用真实的教学活动、设计语用真实的教学检测评估方案。

（1）把握真实语言运用的目的

英语教学的最终目的是培养学生的综合语言运用能力，这种能力实际上就是一种语用能力。这里的语用目的是指教学内容体现在语用能力方面的教学目的，主要表现在以下三个方面：一是语句的语用功能目的，二是对话语篇的语用功能目的，三是短文语篇的语用功能目的。

（2）采用语用真实的教学内容

在教学开始之前，教师应从语用的角度对课文进行详细、全面的分析，研究语句使用的真实语境，准确把握课文中所有语句的真实语用内涵，选用语用真实的例句进行练习，这样就可以在教学前就指向语用教学，从而保证学生能够获得语用真实的英语运用能力。

（3）设计组织语用真实的教学活动

对学生语用能力的培养应贯穿整个英语教学过程，教师应基于语用真实的指导思想来设计教学活动，将语用能力的培养与呈现、讲解、例释、训练和巩固等课堂教学活动紧密结合起来。

（4）设计语用真实的教学检测评估方案

教学检测评估对教与学都具有重要的反拨作用。教师设计语用真实的教学检测评估方案，可以找出学生的语用能力存在的不足之处，从而对教学进行有针对性的调整和改进。此外，语用真实会引导学生在学习中更加自觉地把握学习内容的真实语用内涵，强化学生运用英语的自我意识。

七、课内与课外活动相结合原则

（一）课内与课外活动存在互补性

教学实践要遵循课内与课外活动相结合原则，主要是因为二者之间存在互补性，具体体现在以下两个方面：

①课外活动具有自愿性和选择性。学生可以根据自己的兴趣爱好选择参加自己感兴趣的活动。课内活动对于学生来说，一般是非自愿的，也是无法自由选择的。课内活动必须按照规定的教学大纲有序进行，一般具有统一的课程和课时，这样可以保证全班学生在相同的教育过程中保持相同的步调，既有利于培养学生个性的共同点，又有利于学生系统地习得语言知识。而课外活动则基本上是以学生的兴趣为主，遵循学生的自愿性进行的。

②课外活动是真正以学生为中心，由学生独立进行和完成的教学活动，教师只是在学生有需要的情况下提供适当的帮助，因此课外活动更能发挥学生的主动性和独立性，更能培养学生自主学习的能力。相对而言，课堂教学活动具有一定的局限性。尽管我们一直提倡课堂教学要以学生为中心，但实践起来并非易事，往往会遇到各种各样的实际困难。

（二）加强课外活动的措施

根据我国高校的英语教学现状，为了更好地将课堂教学与课外活动相结合，发挥它们的互补作用，英语教师就要在优化课堂教学的同时，加强课外活动，具体可从以下两个方面着手：

①激发学生在课堂活动中的主体积极性。课堂教学实际上是教师与学生以教学影响为中介的交互作用过程，这个过程能否发挥交互作用效果，很大程度上取决于学生的主体积极性。因此，如何激发学生的主体积极性就成为贯穿英语课堂教学始终的问题。

②减少课堂教学时间，提高课堂教学效益。就目前我国的高校教学来看，课堂时间总量太大，课外活动时间过少是普遍现象。在我国，学校教学基本上等同于课堂教学，课外活动少之又少，这对于学生的个性发展，培养学生的兴趣、爱好非常不利。学生的潜能和优势得不到发挥，学生的创造性得不到锻炼，学生的综合素质又怎么能够有效提高？因此，我们提倡高校应减少课堂教学时间，增加课外活动时间。与此同时，要提高课堂教学的效率，即师生以最少的时间和体脑消耗取得最大的教学效果，只有在减少教学时间的同时提高教学效益才能保证整体的教学质量。

八、合理使用母语原则

在英语教学中，教师应当提倡学生多说英语、多用英语，但这并不意味着学生不能使用母语。在英语课堂上，学生可以合理使用母语，利用母语优势理解学习过程中的难点，这对提高教学效果有利无害。合理使用母语原则，包括在英语教学中利用母语的优势和避免母语的干扰两个方面。

（一）利用母语的优势

教师在英语教学中要学会利用母语的优势，借助汉语对一些词义抽象的英语单词和复杂的英语句子加以解释。英语学习是在学生已经熟练掌握母语之后进行的学习实践，学生在英语学习之前对时间、地点和空间等概念已经形成，已学会了表达这些概念的语言手段。英、汉两种语言在结构和使用方面存在许多差异，这些语言文化差异往往会成为学生学习英语的障碍。母语解释可以帮助学生更快、更好地学习和掌握英语的某些概念。教师适当地使用母语进行教学，有助于学生理解母语和英语之间的差异，了解英语结构和规则的特点，有助于师生顺利沟通，以及深化学生对语言差异的理解和消化，从而提高学生的学习效果。

（二）避免母语的干扰

母语交际先于英语第二语言的学习且已基本上被学生熟练掌握。英语的学习是一个相当复杂的过程，母语的使用习惯可能会给学习者的英语学习带来障碍。在英语的教学过程中，教师适当使用母语，用母语简单讲授英、汉两种语言在某一结构、某一用法上的差异和特点是可以的，但对母语优势的利用一定要掌握一个"度"，避免将母语的使用规则迁移到英语的使用上。如果过多地或一味地使用母语，会在很大程度上给英语的学习带来不利。教师在英语教学里利用和控制使用母语，要注意以下几个方面：

①科学的发展、教学方法的改进和现代教学手段的运用，使多用母语作为教学手段的效果日益减弱且劣势日益明显。英语教师结合现代化教学设备，运用更加直观的教学手段有更大的创造空间。

②在英语教学中，学生对所学英语词句的理解是相对的。理解包括知道这些语言现象及其隐藏在现象后的本质。在初始阶段，教师没有必要引导学生过分追求本质，这主要是由于英语的很多用法是习惯问题，很多情况用逻辑推理不通。例如，"看电影"用"to see a film"，而"看电视"则用"to watch television"。

③在英语教学中，教师应控制使用母语，尽量用英语上课。教师可借助图画、实物、表情、手势等直观手段，也可以将关键词写在黑板上，使师生的交际能力在课堂教学中得到有效的提高。

总之，英语教学的过程要成为有意识地控制使用母语和有目的地以英语作为语言交际工具和媒介的过程，只有坚持合理使用母语原则才能更有效地优化教学效果。

九、最优化原则

在英语教学中，最优化原则体现在某一方面知识内容的教学中，在几种教学媒体都可用的情况下，应选用教学效果最好的媒体，以便实现教法选择最优化、结构安排最优化、角色搭配最优化、具体运用最优化。教师针对在非母语环境下进行英语教学的现状，应努力营造轻松、自然的语言氛围，促进语言习得。因此，多媒体软件和课件要便于学生操作和控制。具体来说，课件的内容、布局、导航图标性能、菜单功能设计和学生的自由度，是影响学生操作和控制课件的主要因素。为了提高学习效率，减少学生的焦虑感，增强他们的学习兴趣和信心，课件应该从学生的需要出发，尽可能地使课件方便使用。

第四节　高校英语教学的模式与理念

一、教学模式

汉语中所说的"模式"一词其实是由英文单词 model 翻译而来的。除此之外，我们经常所说的"范式""典型"等词语的原型也是 model。通常情况下，model 指的就是一种极具可操作性的知识系统，是经验与理论连接的桥梁，是被研究对象的理性逻辑框架，也是一种简化的理论结构。美国教育家乔伊斯（Joyce）和韦尔（Vail）在 1972 年出版的著作《教育模式》中最先论述了"模式"一词的相关概念，并对此进行了系统研究。在他们看来，教学模式的本质就是一种计划，可以为教育者在选择教材、设置课程和开展教学活动提供思路。最初，他们将"模式"一词引入教学领域，就是希望能够在更加系统的模式帮助下，构建起多种类型的教学活动框架，最终形成能够为日后教学活动提供指导的系统性教学策略体系和程序，帮助教学活动可以以一种和谐稳定、颇具秩序的状态持续进行下去。

美国学者施瓦布（Schwab）曾经在《教学：一种模式观》一书中提出"教学模式"的相关概念。他认为教学模式的本质就是引导学习结果的一种程式，教学就是构造学习环境，对能力、兴趣需要各不相同的学生的学习进行有效组织和引导的过程。

20 世纪 80 年代以来，我国教育界对教学模式的研究日趋重视，并取得了不少有益的研究成果。国内对教学模式的定义有多种，不同的定义之间有区别也有联系。有学者认为，教学模式就是我们所俗称的"大方法"。这种"大方法"可不仅仅是一种手段，而是可以在教学的原理、目的、任务和过程等多方面，甚至可以扩展到组织方面的一种系统操作模式。毫无疑问，这种模式是可以进行理论化加工的。除此之外，还有学者认为，教学模式的本质是一种特殊的理论模式，是以教育理念为基础，在长时间的教学实践过程中形成的、具有明显系统性和整体性特征的一种模式，同时也是经过一定教育经验加工后，变得抽象化和结构化的一种模式。

所谓教育模式，指的就是在一定教育教学理论和思想的指导和支撑下，能够在一定环境空间中稳定开展教学活动的稳定结构形式。当教学环境中的诸多要素（如师生、教材和媒体等）相互联结、作用在一起后，最终呈现出来的就是教育模式。简而言之，我们认为，教学模式指的就是按照一定教学理论、经验和思想，最终组织起来的具有系统性的特征的教学活动进程，其重要性也就不言而喻了。

从上述一些著名专家学者所提出的有关"教学模式"的定义中，我们基本了解了教学模式的含义。除此之外，张武升教授经过深入调查研究，还总结出了一些他认为的教学模式特征：有理论指导，表现教学流程和方法，完成规定的目标和任务。通常情况下，我们将一个完整教学模式的实现流程的主要要素概括为以下五点：教学理论基础、教学条件（手段）、教学目标、教学程序和教学评价。这些要素在教学过程中所发挥的作用是不同的，其所具有的功能也是不同的，它们之间既相互联系又相互区别，最终构成了一个完整的教学模式。

总而言之，教学模式就是在一定理论基础指导之下，最终构建起来的运行相对稳定的一种教学活动框架和程式。从框架结构的角度来说，教学模式往往是从宏观层面来对整体的教学活动各要素进行把控的，对于其中各个要素之间的联系做到了如指掌；从活动程式的教学来说，教学模式更强调整体教学活动开展的秩序性和可操作性。教学模式其实就是一种简化现实的理论形式，主要就是首先对教学系统的运行状况进行分析，然后再运用系统的方法总结出相关的理论内容。其中，我们认为教学模式包含三个要点：一是对于现实教学流程的再现；二是教学模式具有突出的理论性特征，就是教学系统运行过程中理论的综合；三是对于教学系统运行的一种简化加工。

在 20 世纪 90 年代以前，传统的教学模式都是教师占据整个教学流程的领导地位的。在何克抗教授看来，这种教学模式在一定程度上对于整体教学环节的把控是具有积极意义的，能够将教师的主导性发挥出来，但它的缺陷就是，学生的主体地位在这样的教学环境中完全不能被凸显出来，学生的学习积极性也难以被激发，这样是很难培养出极具创新能力的高素质人才的。因此，我们需要对传统的教育教学模式进行改革，不仅使得教师的作用能够发挥出来，学生也能够在教学活动中发挥自己的主观能动性，形成"主导—主体相结合"的新型教学模式，实现培养创新型人才的教育教学目标。教学模式的改变势必会引起教学过程的改变，随之就会使教学观念、思想和理论发生变革。所以，教学模式的改革比教学手段和教学方法的改革意义更为重大，当然也更为困难。

二、教学理念

（一）研究性教学理念

研究性教学，其实指的是一种在建构主义理念下形成的，能够与这种思维观念相吻合的教学方法和模式。一般来说，我们可以将建构主义理论分为两大类，分别为认知建构主义和社会建构主义。认知建构主义的开创者皮亚杰和社会建构主义奠基人维果茨基（Lev Vygotsky）都对于学生的认知过程十分看重，认为学习其实就是一种学习者主动构建知识体系的行为过程，整个过程都是学生的自愿行为，并非来自他人的强迫和"给予"。"认知结构产生的源泉是主体和客体相互作用的活动，在相互作用的活动中蕴含着双向结构。"[①]

以建构主义理论为基础构建出来的研究性教学理念，指的是学生能够在教师的支持和引导下，完成自主的知识获取和知识应用过程，这种学习方式和科学研究在本质上是极为相似的，但都要遵循基本的研究程序：提出问题—收集资料—进行解释—总结成果。在这样的教学理念之下，问题中包含着知识，而最终能够被学习者吸收进大脑的知识，则需要他们通过自主学习和探究才能够获得。由此看来，研究性教学理念的出发点就是激励学生的主观能动性，主动参与教学实践活动，发挥自己的创造性思维，进行探索式的学习。学习的动力就是思维，而学习的主人就是学习者本人。我们常说的"外语是学会的"，这里"学"的含义指的是"研习"。

---

① 袁志远. 用建构主义理论构建英语教学模式 [J]. 教书育人，2007（24）：97-98.

当研究性教学思维融入高校的英语教学中，这就为教师开展教学实践活动拓展了思维、开辟了路径。众所周知，英语的实践性和工具性都十分突出，而大学英语更是将这种特征表现得淋漓尽致。大学英语的教学内容缺乏实质性，这就导致本就缺乏趣味性的英语的听、说、读、写变得更加枯燥和乏味。显然，只有具有研究性教学理念的融入，才能帮助高校英语教学重新焕发生机活力，高校英语才是真正具备了教学内容。同时，在实践项目的探索完成过程中，学生的英语应用能力也能够得到更大程度的提升，学生的创新和思辨能力才能够得到发展，他们的主观能动性也才能够得到提升。

研究性教学虽然对于学生的研究能力比较看重，但对于学生的英语技能培养并不是完全不看重，而实际上，其对于学生信息获取、写作、问题分析等方面能力的培养，对于学生的英语实践能力的提升是更有帮助的。除此之外，我们要区分清楚高校英语专业的研究性教学和研究性教学理念融入高校英语教学的差异。英语专业的研究性教学指的是对于英语文化、文学和语言学等方面的深入研究和探索，而高校英语的研究性教学主要是针对高校英语课程，可以充分发挥学生的自主积极性，让学生在一定范围内自由选题，题目可以是自然科学类型的，也可以是人文社科类型的，这样既可以锻炼学生的语言组织能力和信息收集能力，也可以提升他们的创新能力，拓宽他们的视野和知识面，可谓是一举多得。

通过调查研究发现，近些年，美国、日本等发达国家的高校课程体系都开始添加一些具有研究性质的课程，这些学校的共同点是：既重视学生对于知识和技能的掌握程度，又关注他们对于学习方法和策略的运用，强调在学习过程中要科学研究，精神和文化涵养并重。

（二）人本主义教学理念

人本主义学习理念认为，学习的本质就是实现自我价值，如果对个人意义的教学进行阐述，这一理论的倡导者普遍认为，学习是一种主动性行为，是需要学习者全身心投入的行为活动。通过学习，学习者的各方面能力最终都能够获得提升和发展，是从人格角度和个人层面而言的发展。人本主义的教学理念强调，教学本质上就是一种精神活动，这种活动将情感与认知相结合，二者在学习活动的进行过程中是不可分割的、始终联系在一起的两个组成部分。整个教学实践活动的完成，是需要教师和学生都全身心投入其中的，是二者的精神世界沟通互动和理解的过程，由教师单方面地讲授知识，再由学生被动接受，这种通过单方面刺激行为和刺激呈现次序的控制显然是无法帮助学生提升他们的综合素质的，而人本主义教学理念则期望学生在学习活动中能够实现自身知识的跃迁，从而培养他们的自学能力。由此看来，在这样的教学环境中，在这种理念支持下的学习活动不再将教师作为教学实践活动的主体，也不再是由教师单方面向学生传授知识，其更为重视的是学生在活动中的参与性。要使整个学习活动富有生机、卓有成效，需要以学习者为中心，深入其内在情感世界，以师生间的全方位的互动来达到教学目标。这不同于多年来我国大学英语教学课堂以教师为主体、以教师讲解传授为主要形式的教学方法。

（三）后现代主义教学理念

后现代主义教学理念是在对于"现代性"的反思基础上形成的，具备突出的创新性和开放性特征。

我们最早认识"后现代主义"这一观点，应该是在 20 世纪 80 年代初的《读书》杂志上。在 1985 年，美国杜克大学的弗雷德里克·杰姆逊（Fredric R. Jameson）教授在北京大学召开过"后现代主义与文化理论"的专题课程，自此，后现代主义在中国得到了迅速发展。大体来说，这种后现代主义的教学理念就是要求整体教学过程的规律性和整体一致性，其对于"中心性"行为表现得十分排斥，主张采用多元化和综合性的方式构建教学活动体系和课程体系，总体表现出宽容性、无限性和矛盾性等特征。

后现代主义教学观对大学英语教学改革的启示表现在：

①后现代主义倡导者摒弃了"完人"教育目的，同时提出了自己的教学观点。他们认为，学校教学主要重视的不应当是学生对于知识的掌握情况，而是要重视学生的全方位、多层次发展，虽然并不要求他们全部都能够实现全方位发展的目标，但最终还是要培养他们的生活特殊性特色，也要发展他们的批判性特色。

②在后现代主义倡导者看来，现代主义的课程观大多数都呈现出封闭性和唯科学性特征。多尔（Dole）提出了"4R 原则"，这一课程标准主要是建立在经验主义和建构主义的基础上，同时对于自然科学的相关内容进行了深入探索，对其中的知识和理论进行吸收，最终构成"4R 原则"。"4R 原则"，即包括丰富性、循环性、关联性和严密性。

③在后现代主义倡导者看来，整体的教学过程就是一个自组织过程。自组织，其实是指一个在看似无序的状态下自发形成的有序动态过程，这一过程是需要系统组织内外的诸多要素共同作用来完成的。

④在后现代主义倡导者看来，传统的教学环境和模式一直是由教师主导的，学生在整个教学活动中处于相对比较被动和弱势的地位。当教师表现得较为强势时，学生的自主积极性和创新性思维就很容易得到遏制。在这样的情况下，后现代主义观点认为，师生的地位在课堂教学活动中必须是平等的，课堂教学可以为师生提供平等对话的交流空间。随着互联网技术的不断成熟发展，知识传播的观念、方式和途径都已经发生了革新，而教师除了要跟随时代潮流和发展趋势不断提升自我，还要向学生传授新的信息技术和语言规则。

⑤在后现代主义倡导者看来，教学评价不仅要保证统一性和普遍性，还要从学生出发，给予学生无限丰富性发展的生态式激励评价，让学生能够在学习中收获自信和温暖，以及获得持续发展的动力。后现代主义的教学观念中，教学评价就应当是平等的，但同时也要体现出差异，也就是从不同的观点、要求和标准出发对不同的评价对象进行评价，主张差异的共存，以此来保护学生的特色和多样性特征。

（四）学术英语教学理念

学术英语教学理念是在近些年的高校英语教学改革过程中提出的，是一种新的课程设计理念，是在高校英语教学领域中流传了数十年的基础英语的基础上提出的。基础英语的教学重点是语言的技能训练，包括听、说、读、写、译等。而学术英语可以主要分为专门用途英语和一般学术英语两大部分内容。其中，专门用途英语所涉的范围更加广泛，如软件英语、工程英语和法律英语等；而一般学术英语更加重视学生的口语和书面英语表达能力。

以学术英语定位的大学英语教学，既区别于以往的以语言技能训练为主的基础英语，也区别于高校高年级全英语的专业知识学习或者"双语教学"，当然也区别于英语专业学生所学的人文学科方面的专业英语。它是在基础英语的提高阶段，即在学生掌握了一定的规则和词汇，达到了一定的水平后，为他们用英语进行专业学习做好语言、内容和学习技能上的准备，是在高校基础教育阶段为今后全英语专业知识学习打下基础的一种教学模式。

第三章　跨文化交际与英语教学融合探究

随着跨文化交际的不断深入，英语教学应该紧跟时代的潮流，积极探索跨文化交际与英语教学的融合问题。本章主要阐述跨文化交际与英语教学融合探究，从跨文化交际与东西方文化差异、跨文化交际与英语教学、英语教学跨文化交际的必要性三个方面进行论述。

第一节　中外文化差别对语言的影响

在科学技术日益繁盛的 21 世纪，世界范围内的人们都在不断地进行跨文化式的交流，即跨文化交际。随着互联网信息在全球范围内的扩散，跨文化交际愈发繁荣，各个国家、各个民族具有的不同的文化成果逐渐与全球文化趋同。以中国和以英美两国为代表的颇具特色的文化为例，大致分析了东西方文化在各个方面具有的不同之处，旨在更好地构建跨文化交际。

不同国家、不同民族的文化是借助语言才能发展和传播的，一门语言便是一种文化依托的载体。语言从文化中来，向着更为先进的文化走去，这中间历经的历史时期、经过的地理环境，都在不断地影响着语言的发展。

一、历史文化

对一个民族的发展而言，历史是最忠诚的记录者。如果将民族发展的历史比喻为一个仓库，那么打开这个仓库厚重的大门，满眼所见的都是价值连城的宝贝，而语言便是其中最独特、光芒最亮的一颗"夜明珠"。

这世间漫长的历史发展总会留下许多令人唏嘘不已的经典故事。这些历史典故除了供人们了解不曾亲眼瞥见的过去，很多时候，都被人们运用在生活中。例如，中国的历史典故有"东施效颦""铁杵磨针""江郎才尽"等，西方的历史典故有"That's all Greek to me"（我对此一窍不通），"He's a Shylock"（他是个守财奴）。由于中外的文化差异，有着不同历史文化背景的人们在日常交流中往往很难理解对方想要表达的真实含义，中国人和西方人继承了完全不同的历史发展遗产，因此所处的立场和所展示的文化也是完全不同的。

尽管汉语和英语的发展历史背景不同，但是在实际运用时，依旧存在一些相似的地方。例如，英语中存在一句习语："one's hair stands on end"（毛骨悚然），其典故来自一个小故事。19 世纪 20 年代，在英国有个人因为偷盗马匹而触犯法律，被判处了死刑。偷马贼被绑到绞刑架上时，因为过于害怕，浑身的毛发都竖了起来，在场的目击者对其面部表情进行描述时，便有这句习语流传下来。这句习语在英语表达中可以有如下的用法。

原文：When I saw the knife in his hand, my hair stood on end.

译文：我见到他手里拿着刀，顿觉毛骨悚然。

在汉语中，有一个成语与上述英语习语的描述方式十分类似，即"怒发冲冠"。战国时期，赵国偶得一件宝物，即举世闻名的和氏璧。秦王眼馋，便派出使者前往赵国，表示自己愿意以十五座城池与赵王交换。当时，秦强赵弱，即使赵王双手奉上和氏璧，秦王怕也不会兑现诺言。于是，赵国蔺相如独自一人带着和氏璧前往秦国。当他在大殿上献璧时，秦王果然当众反悔。于是，"相如因持璧却立，倚柱，怒发上冲冠"，这就是"怒发冲冠"的来源。中外的两句典故有着十分类似的描写方式，但是所表达的含义截然不同。在英语中，"one's hair stands on end"表示的是一种恐惧的心理状态，而在汉语中，"怒发冲冠"更多的是表达一种愤怒，即一个是害怕到全身的毛发竖起，另一个是生气到全身的毛发竖起。

中国历史上战乱纷争，因此语言中存在大量源于军事的习语，如背水一战、破釜沉舟、运筹帷幄、步步为营、临阵脱逃、重整旗鼓、进退维谷、逼上梁山、暗度陈仓等。欧洲历史上也曾战乱频繁，资产阶级崛起后又不断对外军事扩张，因而不乏源于军事的成语，如 "meets one's Waterloo"（遭遇滑铁卢）出于拿破仑滑铁卢之战，是一败涂地的意思。

二、地理环境

从文化的起源来说，汉语创作于四季气候分明的亚洲大陆，而英语来自一年气候平缓、温度起伏变化不大的欧洲。以夏季为例，中国的夏天最大的特征便是热：一轮骄阳高高悬挂在天际，四处都炎热无比，连空气中都弥漫着汗水的味道，因此，在中国的文学中，对夏天进行描写时，总是能够看到"赤日炎炎""骄阳似火""汗流浃背"等词语。透过表象看本质，仅是"夏天"这个词，在中国人心中便是丝丝蝉鸣和绿树成荫。但是，在欧洲，以英国为代表，英国地处拥有典型海洋性气候的北欧大陆，尽管夏天也是阳光四溢，但更多的是明媚温和、凉风阵阵。在英国的文学作品中，夏天是美丽的，是浪漫的，也是最适合恋爱的季节。莎士比亚曾在其著作《仲夏夜之梦》中，将自己的爱人比喻为"夏日"。

原文：

Shall I compare thee to a summer's day?

Thou art more lovely and more temperate.

译文：

我能不能拿夏天同你相比？

你啊，比夏天可爱和煦。

事实上，莎士比亚这种浪漫的表达是很难被中国人所理解的，究其原因，便是中西方除了在历史发展的过程中存在极大的差别之外，在地理环境方面，同样有着天壤之别。

中国自古以来以农立国，农业人口众多，因此有许多用语与农事有关，如"众人拾柴火焰高""竹篮打水一场空"等。英伦三岛四周环水，水产捕捞业和航海业在其经济生活中占有重要地位，故而英语中与水产、航船有关的词语非常多。以下述短语作为示例：

fish in the air（缘木求鱼），an odd fish（怪人），miss the boat（错过机会），as close as an oyster（守口如瓶），cast an anchor to windward（未雨绸缪），trim the sails to the wind（顺势前进），clean the deck（扫除障碍），Hoist your sail when the wind is fair.（好风快扬帆。），In a calm sea, every man is a pilot.（海面平静人人都可当舵手。），A small leak will sink a great ship.（小洞不补要沉大船。），Fish in troubled waters.（浑水摸鱼。）

而在中国只有沿海地区才有渔民结网捕鱼，所以该类词语相当有限。中国东、南面临大海，故有海角天涯、海枯石烂、海阔天空、海底捞针、海誓山盟、海市蜃楼、海水不可斗量等与海有关的词汇。

第二节 跨文化交际与英语教学

对于当代的大学生来说，跨文化交际是除了学习科学文化知识外，需要他们掌握的、较为重要的一种沟通能力，而培养这种交际能力最佳的场合就是在大学英语的教学课堂中进行跨文化交际式的英语教学，使得学生不仅掌握了相较以往书本上更多的英语知识，同时锻炼了灵活熟练使用英语的能力。

一、跨文化交际英语词汇教学

在语言的各个组成部分中，词汇是非常重要的一部分。对于每一种语言来说，词汇都是其基本构成要素。中英两种语言的词汇在其所表示的含义中将两种不同文化的特点清晰地呈现出来。下面就以色彩词汇和动物词汇为例进行阐述：

（一）色彩词汇

事实上，由于英语和汉语背后的发展历史不同，其形成的社会背景也相差较大。因此，同一个词在不同的文化中可能被赋予完全不同的意义，这种意义往往彰显的是处于该文化下生活的民族和社会群体日积月累的思维方式和对世间万物的情感态度。其中，色彩词汇以鲜明的视觉冲击力将词汇背后文化的差别表现得淋漓尽致。

下面就以汉语和英语中的色彩词汇做详细的论述比较：

1. 红色

一般在节日庆典或婚礼庆祝类的喜庆日子中，红色是十分常见的一种颜色，不论是西方国家还是中国，都有差不多的用法。红色通常被用于庆祝节日，如西方的圣诞节和中国的春节，在日历上，几乎所有令人愉快的节日都是统一采用红色字体。因此，在英语中便有这样的表达方式：red-letter，即"值得纪念的""值得庆祝的"。除此之外，在一些重大的庆典、聚会中，为了迎接较为重要的客人，通常会在会场铺上大量的红色地毯，如在英语中，"roll out the red carpet"通常会被忽略其本来含义（铺展红色地毯），转而翻译为正式隆重的欢迎，以表达对来客至高无上的尊重。关于红色的用法，在英语中还有一种延伸的表达方式，即 to paint the town red，这句英语习语的字面意义是"将整座城市染成红色"。事实上，在实际生活的应用中，这句习语更多的是代表在灯红酒绿的生活中肆意狂欢、痛饮作乐。

汉语的"红"象征吉祥喜庆、兴旺富裕，大多不能直译为 red。以下述短语作为示例：

honor roll（红榜），good luck（红运），bonus/extra dividend（红利），flourishing/prosperous（红火），extremely popular（红得发紫），match-maker（红媒），go-between（红娘），a favorite with somebody in power（红人），gaily dressed young men and women（红男绿女）。

红色词在英语中的含义有些在汉语中是找不到的。以下述短语作为示例：

red tape（繁文缛节），red rag（激励因素，源自斗牛时激怒牛的红布），red cap（宪兵，英；搬运工，美），to get out of the red（摆脱关系，偿清债务），to put the town red（酗酒狂欢，大肆铺张）。

2. 白色

与红色不同，在中国的文化中，白色是十分讲究的一个词。对于中国人而言，白色是一种禁忌，不能被随意使用。在中国人传统的思想观念中，人们常以白色表达自己对某种事物的摒弃或嫌恶。中国古代存在"五方学说"，即东、南、西、北、中五个方位都有各自的代表之物。其中，西方的代表物是白色的老虎，在中国的文化中，西方还通常表示主宰肃杀秋季的刑法之神，并且通过大量的史料记载可以发现，我国古代总是在深秋处决犯人。因此，将以上传统习俗相结合，白色在中国的文化中常具有生命枯竭的意味。换言之，中国文化中的白色总是与死亡联系在一起的。例如，从古至今，但凡中国人家中有人去世，总是将其表述为"办白事"，所设置的灵堂通常悬挂以白布，抬棺下葬时，也需要打白幡。如果逝世的人为长辈，则其家人还需要身穿白衣，即孝服，这在中国的文化中被称为"披麻戴孝"。

白色在英汉文化里都有"一事无成、没有价值"的含义，如英语中的 white elephant 指"大而无用的东西"。出于礼貌，或为了达到一个不伤害别人，有善意的谎言，在英语中称为 white tie，相反，black tie 为"恶毒的谎言"。由 white 一词构成的一些英语合成词可用来表示西方社会人们熟悉的某类事物，此时，其内涵是汉语对应词无法表达的，如 whitegoods 是指用白布做成的生活用品或白色的厨房用具、家电；white collar crime 是指白领阶层，即文职人员或律师、医生、教师等专业人员的犯罪，如贪污、诈骗；white trash 是美式英语中的贬义词，是指没有文化、穷困潦倒的白人。还有 to show the white feather（表现胆怯）、white sale（大减价）、white coffee（加牛奶的咖啡），都不能按字面意义来理解。

（二）动物词汇

动物词汇在英汉语言中有时是相对应的，但是，大多时候其所蕴含的文化信息是不同的，这些动物词汇涉及民族文化、地域文化、历史文化和宗教文化等。只有了解不同国家、不同民族的文化，才能尽量避免文化方面的误解。

1. 狗

在社会的共有认知中，狗是人类最好的朋友，不管是中国还是外国，很多家庭的生活中都有狗的存在。

中国传统文化虽然通常用狗来代表忠贞之士，但是这样的比喻不免有一些讽刺的意味，因为在中国人以往的认知中，狗总是多多少少带有一定的卑贱色彩。中国的很多成语中都是跟狗有关的，其含义大多是贬义的，如狗仗人势、狗急跳墙等。事实上，尽管在对狗如此偏爱的现代社会里，由于自古传承而来的中国传统文化的影响，很少会有中国人自觉在自己的英文对话中带上"dog"这个单词。

同样是对狗的看法，西方人的认知便与中国人大相径庭。在西方人的眼中，狗始终是人类最忠诚的伙伴，很多素昧平生的人们因为狗建立了十分深厚的感情。英国、美国等西方国家还以狗为题材拍摄了许多十分传神且生动的电影，如《101只斑点狗》《忠犬八公》《一条狗的使命》等。

在西方人的语言表达中，应用"dog"的情境很多，以下述短语作为示例：

Dog does not eat dog（同类不相残），Old dog will not learn new tricks（老人学不了新东西），Love me, love my dog（爱屋及乌），sick as dog（病得厉害），lucky dog（幸运儿），top dog（最重要的人物），as faithful as a dog（像狗一样忠诚）。

2. 老虎和狮子

在中国的传统文化中，虎是森林之王。对于中国人来说，虎是威猛、强壮的动物，人们通常用虎来形容那些勇猛果敢的武士，如虎胆英雄、如虎添翼、卧虎藏龙等。与此同时，在中国人的认知中，虎也是十分残忍并且颇具威胁性的生物。因此，在中国传统的语言文化中，关于虎的成语还包括这样一些类型，如谈虎色变、养虎为患等。事实上，不论是以虎表示勇猛还是以虎表示残酷，都可以说明，虎在中国人的心目中始终占据非常重要的地位。

如果在中国文化中，"林中之王"是老虎，那么狮子则是西方人心目中的"英雄"。在西方文化中，人们用狮子代表勇敢强悍。在西方人的心目中，狮子拥有尊贵无比的地位，专门有一句习语用来形容狮子的强大，即 as majestic as a lion，翻译成汉语为"勇猛威严"。同时，在西方国家的上流社会，一般对其中较为出名的人通常用"a lion"来代表。在英国，狮子是整个国家的象征，甚至在英国的国徽上，也是以狮子作为纹章镌刻其中的。以下述短语作为示例：

the British Lion（不列颠之狮英），twist the lion, stail（冒犯当局），Better be the head of a dog than the tail of a lion（宁为狗头，不为狮后）。

另外，由于狮子凶猛残忍，冷酷无情，因此"lion"还有以下用法：

lion's share（最大、最好的一份），the lion's mouth（虎穴，极其危险之处），throw feed to the lions（送入虎口），a lion in the way（拦路虎），beard the lion in his den（捋虎须，在太岁头上动土），in like a lion, ut like a lamb.（虎头蛇尾）。

3. 猫

在中国人的认知中，猫是一种十分乖巧、讨人喜爱的生物，人们常用一种十分亲昵的口吻称呼自己身边喜欢吃东西的亲朋好友，即"小馋猫"。

在日常生活中，很多父母会用猫形容自己的孩子，情侣之间也会以猫作为对彼此的昵称。在西方人的认知中，猫是不吉祥的动物，特别是通体全黑的猫。西方人常常厌恶猫的存在。以一个简单的英语句子为例：She is a cat，同样的一句话，以中国人的思维进行翻译，可表述为：她很可爱；但是在西方人眼中，这句话的含义就变成了：她不怀好意。与 cat 有关的示例如下：

like a cat on a hot roof=a cat on hot brick（坐立不安），It rains cats and dogs（下着倾盆大雨），see which wav the cats jumps=wait for the cat to jump（观望形式），let the cat out of the bag（泄露机密），fight like cat and dog（吵吵闹闹），They are like cats and dogs（他们彼此水火不相容），She was having kittens（她狂怒了），old cat（老猫，喻指"脾气坏的老太婆"），barber's cat（理发师的猫，喻指"面有病容饥色的人"），as sick as a cat（病得像猫），a in gloves cat no mice（戴手套的猫捉不到耗子），a cat on hot bricks（热锅上的蚂蚁）。

二、跨文化交际英语句法教学

词汇构成语句，语句融合成为篇章。下面就中西方语言的不同句法进行简要分析：

从语言形态来看，汉语完全依靠词序或字、词以外的虚词手段组织句子，而并不靠词性的变化表现语义。这两种语言的动词使用存在较大的区别。汉语有一个特点就是大量使用动词。例如：

原文 1：MacDonald Avenue families carried their pails to the hydrant at the curb.

译文：住在麦克唐纳街的家家户户都得提着小桶到街边水龙头去取水。

英语句子中只有一个动词，而汉语翻译中共有四个动词：住、提、去、取。甚至"得"和"到"也可以算作动词。

可见，汉语往往通过动词的频频出现来展开事件发生的逻辑层次，而英语由于谓语动词要受人称和数的限制而使用相对较少。所以，英语句子中的语义关系主要是靠介词穿针引线，把各词关联到一起。也就是说，英语句子中名词和介词的使用是与汉语区别较大的地方，来看一些例子：

原文 2：他手臂疼痛，脱衣服都很不方便。

译文（1）：His arms were, painful, which made it difficult for him to take off his clothes.

译文（2）：The pain in his arms made it difficult for him to undo his clothes.

原文 3：第二天早上，教授热情友好地跟我打招呼，使我放下了心。

译文（1）：The next morning the professor greeted me in a warm and friendly way, which made me feel at ease.

译文（2）：The cordial greetings from the professor the next morning was reassuring.

大家可以看出，译文 1 比较多地使用了动词，使句子结构不紧凑，而译文 2 则显得简练、紧凑，就是因为名词起了重要的作用。

在英语中，介词的作用也不容忽视。来看几个例子：

原文 4：我进去时，他正在读书，没有抬头看。

译文（1）：When I went in, he was reading a book and didn't raise his head to have a look.

译文（2）：When I went in, he was reading a book, and didn't look up from his book.

原文 5：因为生词太多，这文件我理解不了。

译文（1）：As there are too many new words in it, the document is beyond me.

译文（2）：With too many new words in it, the document is beyond me.

比较一下译文 1 和译文 2，我们就会发现第二种译文比较精炼，而且表达得很生动，主要的原因就是那几个介词在起作用。介词在英语中数量很少，但作用很大，也是中国学生学习英语时感到很头痛的问题，尤其是介词和动词搭配。因此，对于介词在英语中的作用要认真对待。

三、跨文化交际英语听力教学

随着当今世界科技化和信息化的飞速发展，地球变得越来越小，人们的交流受时间和空间的限制越来越小。21 世纪是全球化和国际化快速发展的时期，在此大背景下，学习英语的目的不仅是学习英语的语言知识和英语国家的文化，还要适应日益频繁的文化交往，满足国际交流需要。

随着经济全球化的发展，跨文化交际更加频繁。要想更好地融入国际化的浪潮中，人们就必须具备跨文化交际的意识和能力，这也是提高中国的综合国力的必然要求。在学习英语的过程中，听、说、读、写、译是学习者必须掌握的五种语言技能，其中最基本的就是英语听力理解能力，这是人进行跨文化交流的先决条件。但是，综合分析当前我国高校英语听力教学的现状，仍能发现一些急需解决的问题。在分析了文化对高校英语听力教学的影响以及高校英语听力教学的现状、目标与方法的基础上，对跨文化交际视角下的高校英语听力教学进行研究。

学生交际能力提升和发展的瓶颈一般都是听力理解。在英语听力课堂上，学生仅仅掌握语法和词汇知识是远远不能顺利完成跨文化交际的。因此，教师有必要寻找能够有效提升学生跨文化交际能力的英语听力教学方法。

（一）多媒体辅助英语听力教学

1. 多媒体辅助英语听力教学的概念

多媒体辅助英语听力教学是一种新型、特殊的英语听力教学方式，与传统的听力教学方法是不同的。

我国高校英语听力教学普遍应用的还是以完成听力材料为教学任务的传统教学方式。基本教学步骤大致相同：首先，教师播放磁带录音，学生完成听力练习；

其次，教师组织核对练习答案；最后，教师再次播放录音，检查疏漏之处，讲解生词和疑难句型，加深学生对听力材料的理解。这种教学方式实际上训练的是学生应试的能力，而不是跨文化交际真正需要的实际听力技能。

大学生学习英语的根本目的是运用英语这门语言进行跨文化交际，而不是追求语言形式的正确性。这是语言学习的本质，也是高校英语听力教学的最终目标。因此，听力理解和口语表达的训练必须紧密联系在一起，进行有机结合，不可单独进行。为了满足二者相结合的需求，多媒体辅助英语听力教学应运而生。

多媒体辅助英语听力教学符合语言教学的规律，能够充分调动学生的听觉、视觉，并与口语表达结合在一起，在形象生动的环境中，提高大学生的英语运用和交际的能力。为这种教学方法提供硬件支持的便是多媒体语音实验室。

在多媒体语音实验室中，音频和视频系统、语言测试系统、网络系统和计算机磁盘信息输出系统等使听力教学变得更加形象和直观。学生在进行听力训练的同时，从直观的形象中也能获取更多与听力材料有关的文化信息，这对于学生了解文化间的差异，增强对文化差异的敏感性有很大的作用，同时也为学生口语交际提供了更多的表达方向。在提高听力技能的同时，学生其他方面的语言技能也得到了很好的训练。

近几年来，我国高校英语听力教学的条件得到了很大的改善，多媒体语音实验室及其配套设备有很大的发展。英语听力教学不再是简单的教师与学生的互动，学生与学生、人与多媒体设备之间的交流也日益增多。

多媒体语音实验室的类型有多种，如听说型语音实验室、视听说对比型语音实验室、听说对比型语音实验室、听音型语音实验室等。随着网络信息技术的发展，还出现了数字语音实验室、移动语音实验室、无线语音实验室等新型的语音实验室。听力教学环境的改善对于提高学生的听力理解能力、感知能力、创造能力和交流能力有极大的促进作用。

2. 多媒体辅助英语听力教学示例

多媒体辅助英语听力教学有多种多样的教学形式，听力材料的来源十分广泛，可以是教材上的听力训练，也可以是广受大学生欢迎的英文歌曲，还可以是英语影视作品中的某个场景或片段，甚至可以是集现实性、实用性和趣味性于一体的国际英语新闻。

多媒体技术的日益发展使通过英文歌曲来提高听力能力的方式成为现实。优美的声音、动听的旋律、形象的画面、清晰的歌词激发着学生的学习兴趣。高校在英语听力教学中将英文歌曲作为听力材料，不仅能够营造轻松、愉快的教学氛围，还可以带给学生语言学习的成就感。

以英文歌曲为听力材料进行听力教学，可以借鉴以下的任务设计方式：

（1）听歌曲音频，填写所缺信息

这种形式的训练方法在播放音频时，可以播放三遍。第一遍的目的是使学生对整首歌的节奏、语速等有大体的印象。第二遍，让学生完成听力练习。第三遍，让学生对所填写的单词或短语进行检查、确认。

（2）听歌曲音频，选择正确的选项

这种形式的训练方法考查的是学生对歌曲大意的理解能力和综合判断能力。教师在播放歌曲音频之前将课前设计好的问题呈现给学生。学生根据听歌过程中记下的关键词或短语，作出判断。

（3）听歌曲音频，重复句子

这种形式的训练方法与前两种方法相比有一定的难度。教师在播放音频的过程中，在一些有挑战性的歌词处适当停顿。学生可以根据自己所听到的歌词，结合视频中歌手的表情、姿势、嘴型等判断出听到的歌词。

需要注意的是，在多媒体辅助英语听力教学中，教师的作用不仅仅是选择影视资料、规定播放时间、按要求执行任务，更重要的是在听力训练中进行预先讲解、赏析引导和观后讲评等，也就是说，教师在多媒体辅助英语听力教学中的角色不是被动的放映员，而应是主动的组织者和引导者。

（二）三段式教学法

三段式教学法是在任务教学法、交际法和图式理论的基础上发展起来的。早在 20 世纪 70 年代，英国伊林高等教育学院的听力教学法专家玛丽·安德伍德（Mary Underwood）通过研究听力理论和记忆心理规律，将听力教学分为三个阶段，即听前阶段（pre-listening）、听时阶段（while-listening）和听后阶段（post-listening），并且每一阶段都有一个清晰的教学任务。随着语言学理论、教育学理论的发展，以及英语听力教学地位的提高，三段式教学法逐渐被人们熟知。

1. 听前阶段

听前阶段的主要任务是激活学生头脑中原有的词汇图式和语言背景知识，使学生集中注意力，做好听前准备。

（1）实例或图片的导入

在练习一些以真实的对话、新闻、故事等为内容的听力材料时，教师可以收集与之相关的实例或图片进行课前导入，还可以创设真实的语言场景进行提问。这一活动的目的是帮助学生根据已有经验进行合理预测。

（2）视频和歌曲的导入

在听力训练开始前播放英文视频或歌曲，能够使课堂气氛更加活跃。同时，英文视频和歌曲是英语文化的重要组成部分，对于提高学生学习英语的热情有很大帮助。

（3）关键词的导入

导入听力材料中的关键词，是一种降低听力训练难度的方法。

2. 听时阶段

听时阶段的主要任务是提高学生发现和解决问题的技能。教师应根据学生的英语水平调整听力材料和听力任务的难度，使听力任务既有挑战性又不会挫伤学生的积极性。

①有针对性地进行听力训练。教师要有针对性地选择与学生英语听力水平相符的听力题。

②教师要指导学生提取关键词句，掌握文章的中心思想。

③教师要培养学生的听力技巧，如速记等。

3. 听后阶段

在听后阶段，教师可根据听力材料内容进行拓展练习。例如，采用角色扮演、对话练习、问题讨论、写作等任务。拓展练习的目的是帮助学生回顾听力材料中的语音、语法、词汇和句子表达等，检查和测试学生在听时阶段记忆情况，更好地完成听力教学任务，实现学生的全面发展。

在大学英语听力教学中应用三段式教学法，需要注意以下几点内容：

①每个阶段的教学活动都要与听力训练具有相关性，还要具有多样性和趣味性。

②听力技能和听力兴趣是听力教学的主要任务。听力教学活动不能只培养听的技能，还要给学生创造交际的机会。

③听力难度要符合学生当前的语言水平，教师可以对听力教材进行一定的修改。

四、跨文化交际英语口语教学

由当前英语口语教学现状可以发现转变英语口语教学模式、改变教学方法的重要性。在跨文化交际的大背景下，教学方法要根据口语教学的实际情况灵活选用，从而提升学生的口语表达能力。

（一）语境教学法

1. 语境教学法的内涵

语境教学法的指导思想是语境理论，教师要在语境理论的指导下，进行备课和口语教学实践工作，并使学生掌握运用语境知识进行口语学习的方法。语境教学法始终以培养学生语言应用能力为高校英语口语教学的原则。

与情景教学法相比，语境教学法的特点包括：

①语境教学法追求的是"语境"的作用，要求学生在真实的言语环境中，而不是在人为优化的场景中，进行言语交际。因此，这种教学法可以分为上下文教学法、虚拟语境教学法、社会文化语境教学法和情景语境教学法等。

情景教学法追求的是"启示""诱发"的作用，倡导在人为创设优化的、形象的、富有教育内涵的、充满乐趣的环境中启发学生的思维，强化学生的内心感受，激发学生的主体性和能动性，以学生的发展为出发点和落脚点，进行渗透性教育。情景教学常用方法有实物演示、表演体会、生活展示、情景再现等。

需要注意的是，语境教学法与情景教学法并不是完全不同的，二者存在一定的联系。它们都意识到环境在外语教学中的重要作用。可以说，语境教学是在情景教学的基础上发展而来的。

②语境教学法的教学目标更加侧重言语交际能力的培养。产生于20世纪20年代的情景教学法更加注重语言结构的学习和口语能力的培养。这可以算是语境教学法和情景教学法的主要差别。

二者的主要联系在于，情景教学中的"情景"也可以称为"情景"。因此，从某种意义上来看，语境教学包含情景教学。

2. 语境教学法的特点

大量英语口语教学实践证明，语境教学法具有许多相对稳定的特征。分析语境教学法的特征，对于理解其含义，掌握其运用方法，更好地指导英语口语教学实践有重要的意义。

（1）真实性

真实性是语境教学法最基本的特征。这与语境教学法所倡导的"真实的语言环境"是相互联系的。

①语境教学法要求在真实的课堂交际活动中开展口语教学，其教学目的是培养学生真实的言语交际能力。

②语境教学法中口语教学的内容具有真实性，是在了解学生口语学习的特点和需求的基础上设定并呈现的。

③作为口语教学实践的主体，学生的知识水平、表达能力、性格特点、学习要求和学习方式等都是一种真实的存在。

④语境教学是在特定的社会文化背景下进行的，无论是口语教学实践中的具体教学情景，还是根据教学内容人为创设的虚拟语境都要具有真实性。

（2）制约性

语境教学法的制约性体现在两个方面：微观方面和宏观方面。在微观方面，情景语境或多或少对各种具体教学活动的实施和开展具有制约作用。在宏观方面，社会文化语境，如政治、经济、文化、心理、价值观和道德观等，对语境教学的各个方面起着制约作用。微观方面和宏观方面都对英语口语教学实践的成功有着重要的影响。

（3）动态性

语境教学法的动态性主要与口语教学实践中临时性的语境因素有关。具体来说，口语教学的课堂语境总是变化的，课堂口语交际活动的展开过程中总会出现一些突发性的因素，如学生在言语交际活动中不能正确地表达思想或者无法理解教师的讲解等。这时，教师就要转变教学方法，重新组织教学活动，并且调整课堂交际目标和教学目标。教师和学生都要根据语境因素的变化适时调整自己的言行，以保证语境下的英语口语教学顺利开展。

（4）生发性

在语境中的英语口语教学课堂中，教师和学生都是交际活动的主体，具有主动性和创造性，如果能够较好地利用语境因素，特别是利用交际环境和言语知识的有机联系，就能够突破情景语境和社会文化语境的制约，通过交际环境的解释和联想功能，使理解和表达更加准确、深刻。

3. 语境教学法的操作步骤

在高校英语口语教学中应用语境教学法，主要有以下五个步骤：

第一步，教师选定某一个口语交际的话题，并为学生播放与此话题相关的目的语国家文化的视频，如服饰文化、社交文化和宗教文化等。

第二步，对比分析与交际主题相关的目的语国家文化和中国文化的差异，引导学生发现二者的异同点。

第三步，教师对学生的发言做总结并扩展教授相关文化知识。

第四步，围绕话题，创造接近真实的语境，学生分别扮演不同情景下的不同角色，进行口语练习。

第五步，教师主要围绕语用和有效的交流两个方面对学生的表演等口语练习活动进行评论。

（二）探究教学法

1. 探究教学法的内涵

探究教学法的形成与现代教育手段和媒介的发展有很大的关系。这一教学方法的核心就是"探究"，因此其与传统的口语教学模式存在很大的不同。探究教学法更能体现出语言学科的特点。

简单来说，高校英语口语教学中的探究教学法就是指高校英语教师利用现代教育的手段和媒介，综合多种教学资源，以学生为中心，以教师为主导，通过以学生的自主学习、自我探索和自我研究为主的方式完成语言知识和口语技能习得的教学方法。

2. 探究教学法的过程

探究教学下的高校英语口语教学一般包括五个步骤：确立探究问题、收集数据、分析解释、讨论交流、展示评价反思。

（1）确立探究问题

确立探究问题是探究教学法的第一步。旧问题解决后，有时会产生新的问题，因此探究教学是一个循环往复的过程。口语教学实践会产生多种问题，探究问题的选择和确立需要考虑多方面的因素。一方面，有些问题产生的原因很简单，问题容易解决，因此不必深究。另一方面，有些问题用其他方法讲解会更加浅显易懂，因此适用于探究教学法。所以，教师在确立探究问题时要进行深入的分析和精心的选择。

①教师要考虑课程内容和之前教学中的知识积累程度。探究问题要在整个教学知识结构中起到承上启下的作用。问题的深度和广度的还要符合维果茨基的最近发展区原则，即通过自我探究和教师的指导能够解决问题。

②教师要考虑问题的创设情景，要以教材内容为基础，创设出能够自然导出问题的情景。

③教师要考虑学生的学习兴趣和学习动机，用更加新颖的方式提出问题。

（2）收集数据

关于大学英语口语教学探究教学法中数据的收集指的是与语言有关的语料，以及与文化、语言使用有关的艺术和策略的材料收集。

这一环节的实施需要教师严格监控，并给予学生收集内容、方向和来源方面的指导和建议。这样才能起到事半功倍的效果，否则学生就会白白浪费时间和精力。

（3）分析解释

分析解释是探究教学法的第三个步骤，这一环节对下一环节的讨论交流有重要的影响。

对收集的数据进行分析，主要是围绕语义和语用两个方面进行思考，对特定的交际情景和交际目的中所涉及的词汇、语法、句式、文化和交际策略等方面的因素在交际中的功能作出解释和总结。

（4）讨论交流

讨论交流贯穿高校英语口语教学的始终，体现在课内和课外的各种交际活动中。在探究教学法中，学生在完成课外探究之后，要结合所得在课堂上与同学就教师所给的探究材料进行有目的的交流讨论，还要做好记录。

（5）展示评价反思

展示评价反思是探究教学法的最后一个环节，也是不容忽视的一个环节。这一环节需要注意两个方面：一是学生的展示行为是否规范，二是教师的点评内容和评价方式是否得当。

五、跨文化交际英语写译教学

（一）跨文化交际英语阅读教学

在任何时候、任何地方，阅读都是人们获取信息的主要途径，它的重要地位不可忽视。不但如此，阅读还是提升自我素养的一个渠道。在跨文化交际视角下，高校英语阅读教学的情形较以前有了新的内容，不仅非常重要，还较难把握。本书就跨文化交际视角下高校英语阅读教学的方法进行论述。

1. 就文化主题展开讨论

教师可以将英语文化分为若干细小的主题，定时组织全班学生针对特定的文化主题进行有秩序的讨论。既然是讨论，就不能流于形式，教师要保证所有学生都能有效地参与，不能使一些学生受到冷落。教师需要给予讨论及时的监督和指导。通过讨论和头脑风暴，学生可以不断积累文化背景知识，从而有效解决某些跨文化交际问题。对于不同的文化主题，学生把握和讨论的难度也不同。教师要确定一个合适的可以引起学生兴趣的主题，还要在整个讨论过程中处于支配和控制地位。随着讨论的主题数量的增多，学生掌握的文化背景知识也相应增多。所以，教师应该循序渐进地增加文化主题的难度。

文化讨论法还有其他作用，具体如下：

①渐渐增强学生获得更多文化背景知识的信心。学生只要认真思考、分析，并在讨论中自由地表达见解，就都会体验到一种满足感，他们了解文化的信心也会增强。

②提高学生的团队合作能力。讨论活动不能缺少规则的约束，否则就会沦为闲谈。真正有效的实质性讨论应建立在良好的讨论秩序的基础上，秩序是需要学生共同维护的。不仅如此，学生还要遵循既定的讨论规则。

③锻炼学生的逻辑思维。面对一个话题，学生只有认真分析、思考，才能得

出有说服力的结论。面对同一个文化主题，学生会形成不同的观点并提出不同的结论。通过对于不同结论的比较，学生自然而然地就发展了逻辑思维能力。

④发展学生的交际能力。在讨论中，语言表达是一个关键环节。讨论就是对话。学生只有将自己的思想用语言清晰地表达出来，对方才可以理解，进而给予适当的回应。思想在交际者之间来回传递，这就是交际的过程。

2. 纠正学生不符合文化的言行

中国学生成长于中国文化中，母语文化是他们根深蒂固的文化思想。在母语学习的过程中，学生不仅获得了语言能力，还获得了社会文化能力。然而，他们也会无意识地用母语文化去理解其他文化，进而导致交际冲突。由于两种文化存在诸多差异，所以母语文化干扰会导致文化错误。

当学生和某种文化交流，表现出不符合某种文化环境的语言或行为时，教师要予以纠正，这种不符合文化环境的言行是不得体的。因为不注意语法而在日常交际中出现的语法错误，是语言表层的错误，交际者能够理解和谅解。如果交际者的口语流利，但是存在一些不得体的语言或者行为，交际对方通常就会感到反感。所以，教师要对学生的文化错误进行认真分析并予以纠正。

3. 在比较中加深文化的印象

两种异质的事物只有在对比中才可以清晰地展现出特色。在阅读教学中，教师进行中西方文化对比，可以帮助学生加深对中西方文化的印象。教师在向学生讲解西方文化的同时，还要介绍学生所不知道的母语文化，培养学生的跨文化意识。只有将不同文化进行对比，学生才能了解在特定的文化中哪种语言和行为是合理的，哪种语言和行为是不合理的。例如，英语中的 farmer（农民）和 peasant（农民）两个单词的字面意思虽然一样，但实质内涵不同，二者在经济地位和文化地位上属于不同的阶层；汉语将这两个单词统一翻译为"农民"。再如，中国和西方的文化差异也表现在饮食上，中国人常常给客人夹菜，这代表了好客和热情的态度；而西方人通常会让客人随便吃，会对客人说"Help yourself"。中国人听到赞美的言辞时，通常会对此表示不同意，这是谦虚的表现；而西方人会礼貌地表示谢意。这种文化对比是很鲜明的，交际双方只要具备这一知识，交际就会变得非常简单。

4.通过文学艺术手段了解文化

当人们在物质世界中感到失落时，可以在文学艺术世界中得到精神的替代性满足。文学可以帮助人们了解自然、社会、现实和人生，丰富人们的精神世界和生活经验。同时，文学和艺术都是文化的重要组成部分，文化的变化会体现在文学和艺术上面。文学艺术是作者在当时的时代背景和文化环境中创造的文化产品，是创作者和读者之间超越时间和空间的交流。文学艺术是人们了解文化的方式。

教师可以组织学生观看西方经典电影或者欣赏英美文学经典著作。精讲有助于学生欣赏文学的内容，激发学生的联想。通过这一方式，学生不仅领略了精彩的文学艺术表现形式，还欣赏了激荡的故事情节，并且将文学欣赏和现实生活结合起来。

5.引导学生以语块形式阅读

语块是语言中频繁出现的语言结构，由多个词组成。它的形式和意义比较固定，运用语境比较确定，在词汇和语法方面能够发挥一定的功能。语块具有三种特征：自主性，不同语块之间是相对独立的；稳定性，英语自然话语中有80%由各类板块结构组成，变化的灵活性相对较弱；扩容性，语块具有相对完整的意义，不像单个词语那样孤立，已远远超出了词汇搭配的范围，扩大到句子甚至语篇的领域。语块理论认为，语块是英语的基本语言单位。

有些大学生感到对于语法、词汇和阅读技巧的掌握并没有明显提高阅读效率。外语学习者永远无法达到与本族语者同样的水平，这是因为本族语者的语言知识表现为语块，而不是分析性的语法规则。语言学习者如果缺少足够的语块，则语言能力就会受到局限。在英语阅读教学中运用语块理论，能够既改善输入又提高输出，所以语块形式阅读可以提高阅读速度。一方面，语块把多个有关联的小组块变成一个大组块，扩大了读者短时记忆的容量，减少了信息加工的时间，最终提高了阅读速度。另一方面，在快速浏览标题、首尾段以及各段首句时，读者有意识地注意语篇中不同功能的语块，也可以提高阅读速度。学生可以先浏览全文以对文章大意有一个大致的掌握，然后学习陌生语块以扫清障碍。学习陌生语块不仅是学习词汇，还要学习语法结构及与其语境相关的语用功能。学生以语块形式阅读，就会以语块形式进行整体理解，因而提高了阅读速度。

（二）跨文化交际英语写作教学

1. 输入与输出的互补

输入和输出是英语学习的两种重要形式。"读"是语言输入的一种方式，而"写"是语言输出的一种方式。输入是输出的基础，所以读是写的基础。教师在英语写作教学中要注重输入和输出的互补，使二者相得益彰。

"读"能够为"写"提供必要的语言材料，对学生的写作给予理性的启迪。学生只有在头脑中存储着写作的各种词汇、句子和衔接方式方面的素材，才能轻而易举地进行英语写作。各类体裁的阅读材料提供了许多功能各异的句子框架，这些素材的输入为英语写作奠定了坚实基础，加快了学生产出作文的速度和效率。另外，学生只有进行了大量的阅读，才能提高自己的英语语感，并在不知不觉中养成英语思维习惯。在英语写作中，有些学生感觉某种表达方式非常自然、妥帖，但是说不出所以然，这就是语感给学生带来的效应。

2. 技巧的改善

教师应始终注重学生写作技巧的培养，具体可以从以下几个方面着手：

（1）构思

只有经过构思，作者才能对文章有一个整体的把握。构思是写作的基础，需要贯穿文章写作的始终。构思的方式包括如下几种：

①思绪成串式。学生用圆圈的形式将写作主题在纸上呈现出来，然后列出与主题有关的关键字，同样以圆圈的形式表现出来，并进行总结归纳，最后确定写作思路。

②自由写作式。学生对作文题目展开自由且丰富的联想，及时记录自己的想法，并从中挑出有用信息展开写作。

③五官启发式。学生的五官都会接收到一定的信息，学生需要整合这些信息，然后提炼出对写作有用的信息。

（2）开篇

好的开端就是成功的一半。开篇是读者对文章的第一印象。第一印象往往给人的感受最深刻，并影响之后的看法。文章开篇如果写得好，可以引人入胜，大大激发读者的阅读兴趣。常见的文章开篇方法包括以下几种：

①名言名句导入式。谚语、格言富有深刻的哲理，用在开头可以有效吸引读者的目光。

②故事导入式。在文章开篇将一个生动的故事娓娓道来，读者的抵抗力明显降低。

③比较、对比导入式。人们在心里时常进行着对比，在文章开篇运用对比能够引起读者对结果的好奇心和深思，因此常用于对某种现象的突出和强调。

④开门见山式。这种开篇方式常见于西方人的文章中。开门见山的开篇方式爽快、直接，比较容易赢得好感。

⑤问答导入式。这种开篇方式在于通过提问引起读者的好奇心，问答导入实际上就是自问自答。提问也是有技巧的，要多问人们急于知道的问题。

⑥定义导入式。当文章要描述一个新的概念或事物时，可以在开篇就给出定义，这样读者就在开篇打通了障碍，也比较好理解。定义导入式常用于说明文或科普类文章。

（3）段落发展

在确定了文章的框架之后，就要开始构思开篇了，紧接着就要对段落进行展开。可以按照以下几个方面来展开段落：

①按过程展开。这种段落展开方式适用于记叙文的写作，顺着事情发展的脉络逐步交代。

②按时间展开。这种方法也常用于记叙文的写作。在叙事时，先发生的事情先写，后发生的事情后写。

③按逻辑展开。文章的逻辑包含思路的流畅性、段落间的衔接、句子间的连贯等。在文章的逻辑中，关联词是一个非常重要的工具。它是一种衔接手段，使行文流畅，引导读者顺着作者的思路思考。

④按空间展开。当描写一个地方或景物时，这种方式是一个可取的选择。它能够增加文章的错落感和整体感。

以上四种方法可以单独使用，也可以结合使用。段落展开方式的具体实施方法有多种，如类比法、因果法、事实数据法、拆开分析法、举例法、叙述法、描写法、反驳法、过程分析法、对比／比较法、分类法、重复法、列举法、定义法等。

（4）结尾

所谓善始善终，就是说结尾对一篇文章也有非常大的影响。结尾是用于总结前文或者是内容的自然结果。常用的结尾方式主要有以下几种：

①重申主题式结尾。在结尾处对文章的中心思想进行强调，使读者难以忘怀。

②总结式结尾。在文章结尾处对全文进行总结，以揭示主题。

③反问式结尾。这种结尾方式可以用于强调文章主题，能够起到增强语气的作用，并发人深思。

④建议式结尾。这种方式主要就文章讨论的某种现象或问题，提出解决办法或者呼吁一种行动。

⑤展望式结尾。在文章结尾表达一种愿望，可以达到鼓舞人心的目的。

3. 有效的模仿

中国学生由于习惯性的汉语思维方式，常常采用翻译式写作，即先用汉语思考，然后进行汉译英。这种方式会降低写作效率。

仿写就是解决这一问题的一种途径。通过仿写，学生可以积累写作素材，了解英语写作模式。

解决这一问题的另一种解决途径就是运用语块进行写作教学。本族语者存储的是各种情景下搭配的语块，一旦需要这些语块，就能直接提取，而无须对一个个的单词进行加工处理、排列组合，这提高了语言输出的速度和质量。基于语块的写作教学包括两个层次。第一个层次是较低的层次，即进行汉英互译、语块替换、语块造句、运用语块复述课文等。第二个层次是较高的层次。教师可先将学生分成几个小组，然后组织学生讨论课文。教师应指导学生识别不同功能的预制语块，最后进行写作。这就可以节省从思维到词语再现整个认知过程中的努力，减少了临时的结构分析和组合，而主要聚焦于更大的语言单位和语篇结构的层面上。文章的起承转合都有相应的语块形式，这是学生可以选择的素材。对这些语块的熟悉，可以加快语篇组织的速度，加强语篇的条理性。

（三）跨文化交际英语翻译教学

1. 交际教学法

基于翻译的跨文化交际性质，交际教学法在翻译教学界开始普及起来。该方法指出，要想达到交际的目的，教师在向学生传授语言知识的同时，也要向学生传授相关的社会文化知识。交际教学法认为翻译教学活动要以学生为中心，注重学生的主体性。这不是说教师变成了可有可无的人，教师的作用是帮助学生流畅地表达观点。交际教学法的具体步骤如下：

①教师精心选择内容一致的源语和目标语文本材料，让学生对它们进行对比，并分析不同材料的语言差异和文化差异。

②教师给学生布置有针对性的涉及文化的翻译练习，让学生在做练习的过程中培养文化意识和翻译能力。

③在学生完成练习之后，教师要对学生的翻译作品给予认真的点评并讲授相关的文化知识。

2.技巧强调法

翻译教学中的一个很重要的部分就是教师向学生传授翻译技巧。翻译技巧也是翻译能力的体现，主要的翻译技巧有直译、意译、释义、正译、反译和英汉同义。

（1）直译法

直译法是在保持原文的语言形式、风格和意义不变的情况下，用另外一种语言表达。

（2）意译法

意译法是指为了用另外一种语言再现原文的意义和内容，而在语言形式上作出一些变动。

（3）释义法

释义法是指当原文中某个词语无法在译语中找到对等语，并且当无法使用其他翻译方法时，应该对词语进行恰当的阐述。

（4）正译法

正译法是指当英语中的某些否定形式无法在汉语中找到对等形式时，应该将它翻译成肯定形式，以符合汉语的表达习惯。

（5）反译法

反译法是指为了使译文符合汉语的表达习惯，将原文中的肯定形式翻译成否定形式。

（6）英汉同义法

汉英的"巧合"现象是指英语和汉语存在意义、形式上相同或相似的谚语。

在这种情形下，为了忠实地再现原文意义和内容，以及谚语的形式、结构，翻译时可以套用。

第三节　英语教学跨文化交际的必要性

一、跨文化交际的需求越来越高

跨文化交际是在现代社会越来越向全球一体化发展的背景下所产生的社会需求，人们在跨文化交际过程中加深了对彼此和对世界的了解。当今社会人类命运紧密相连，跨文化交际势在必行。而在现有英语教材中，对跨文化交际的体现很少，更多的是注重英语学习本身，因此学生在学习过程中很难提高自己的英语交际水平，更无法从英语交流中对英语文化进行了解。因此，英语教师应当顺应时代的要求，引导学生在语言学习之外主动了解语言背后的文化背景，从课本内容中跳出来，真正做到学以致用，并从语言学习中拓展延伸，增强学生的跨文化交际能力。

随着国际商贸合作的不断加强，国际商务合作成为企业发展的一种趋势，许多企业都开辟了国际市场，也有许多外企在国内蓬勃发展。我国要想在国际市场上立足，就必须改变传统观念，培养国际化人才，让学习者在学习外语的同时了解外国民族文化和生活习性，这样才能在国际商务合作中取得更大优势。大学生作为社会的预备人才，须顺应时代的要求，努力将自己培养成国际化人才，从而在社会中谋求更好的发展。此外，在国家政策的领导与支持下，我国展开了"一带一路"等国际合作倡议，而要想顺利实施计划就必须对共建"一带一路"国家的国情和文化习俗有所了解，必须培养更多的具备跨文化交际能力的人才。唯有培养学生的跨文化交际能力，才能让他们在今后与他国友人的交际过程中准确将我国富有魅力的文化内涵传达出去，让中国文化走向全世界。

二、汉语国际推广的战略要求

随着我国国际地位的提高和经济的快速发展，其他国家对中国也越来越向往，"汉语学习热"在许多国家都十分流行。这标志着我国综合实力的提升。但是，汉语国际化推广依然是任重道远。同时，全球一体化的商业和文化趋势也要求我们必须培养民族文化自信，能做到"请进来"和"走出去"并重。由此可见，汉语国际推广是我国现在必须面对的挑战，也是我国必须解决的难题。从当今的发展现状来看，我国文化的渗透已经有初步表现。例如，英语词典中收录了Confucius（孔子）、Tao Te Ching（道德经）等与传统文化有关的词汇，世界多地出现了汉语学习机构等。这些既表现了我国文化得到了国际的认可，也为我国文化发展带来了新机遇，我国学生在学习英语的过程中就必须要顺应社会的国际化发展，主动提升自己的跨文化交际能力。

三、语言教学的本质要求

语言是文化的载体，也是文化传承和发展的绳索。学习语言不仅是学习一种交流手段，更要学习其中蕴含的思维方式和文化内涵。教师在英语教学过程中要重视学生对英语文化的体会和了解。教师单纯地传授语言的使用方式意义并不大，学生只有在真正了解这门语言及其文化和思想之后，才能真正掌握这门语言。教师单纯的语言传授只能让学生掌握语言的皮毛，语言需要由内向外自动生成。语言生成的逻辑思维、修辞手法和交际方式受语言所承载的文化因素影响。学生如果对英语文化的价值观念和文化特性缺少深入了解，就无法自然地使用英语交流，甚至会在交际过程中出现明显错误。

跨文化交际是来自不同地域、不同民族、不同行业或不同人群的人所带来的不同文化之间的相互碰撞，更是通过语言交流来展示文化内涵、表现文化差异，实现文化吸收和融合的过程。人的观念因人生经历、文化熏陶的不同而产生差异，跨文化交际需要通过文化的交流碰撞展现个体的人格魅力。对学生跨文化交际能力的培养体现了英语教学的人文性，需要教师给予重视。

四、满足交流的需要

现在，国与国之间的交往日益频繁，这就要求大学生应该努力学习语言和文化知识，获取语言和文化技能。

世界是一个地球村，经济全球化使得跨文化交际呈现多样性，因此，在跨文化交际教学中，教师除了要让学生提升语言能力外，还应该注意提升自己的跨文化交际能力，以应对交际中出现的各种变化。

另外，随着多元社会的推进，交际者应该具备一定的合作能力和意识，无论生活在什么样的文化背景中，都应该为社会的进步努力，建立文化意识，用积极的心态去认识世界。跨文化交际教学能够将英语的价值充分体现出来，学生对跨文化交际知识的学习要与社会的发展相符。

五、实现素质教育的主要渠道

（一）培养学生的文化感知力

教师在英语教学中有意识地向学生传授一些文化背景知识，可以使学生更全面地了解目的语国家的实际情况，进而能在适当的场合使用准确的语言表达自己的观点。此外，教师不断地向学生介绍一些英语文化背景知识和文化传统，可以让学生明白不同的文化、不同的语言具有不同的表达习惯和方式，可以提高学生对不同文化的感知力，从而增强学生跨文化交际的意识和能力。

（二）培养学生对文化的敏感性

在英语教学中，教师除了要进行英语基本知识和技能的传授外，还必须培养并增强学生对中西方文化差异的敏感度。对于这项能力，学生可以在课堂上借助教师对中西方文化差异的讲解和跨文化交际的研究而达到这一目的。如果在英语课堂组织的对话活动中，教师仅关注学生在语音、词汇和语法上的准确性，而忽视了文化的差异性，那么将不利于学生语言运用能力的增强，无法使学生准确、灵活地使用语言。例如：

A：You look so pretty today.（你今天看起来很漂亮。）

B：No.I don't think so.（不。我不这么认为。）

对于这组对话，其语音、语法、词汇均没有问题，如果考虑中西方不同的文化习惯，那么这种回答对英美人来说是难以理解的，因为这不符合英语社会的文化常规性。假如教师在英语教学中以此为切入点，比较中西方的文化差异，学生就能在潜移默化中提高对文化差异的敏感度，进而在进行英语交际时避免上述问题的出现。

六、跨文化交际是英语教学的重要方面

（一）英语教学和跨文化交际

英语学习的根本目的是学会交流。跨文化交际既是英语学习的手段，也是英语学习的目的，因此培养学生的交流能力比传授语言知识更加重要。教师在教学过程中，要善于为学生创造英语交流情境，帮助学生增强英语交际能力。语言有其社会实践性，只有在真实的语言交际情境中，学生才能真正掌握语言的知识、功能和运用。

（二）语言教学和文化教学

一个民族的语言必然存在该民族文化的烙印，这也表明了语言具有文化传承和文化载体的功能。文化在发展过程中会不断影响语言的形式，丰富语言的文化内涵。语言作为人类生活所必需的工具必然随着人们的生活的不断发展而改变。文化和社会的发展推动着语言的发展。语言是文化不可分割的部分，如果没有文化，则语言就不可能诞生，而如果没有语言，则文化也不可能存在。由此可见，文化教学是语言教学的重要内容，如果缺少文化教学，则语言教学必然无法取得良好的效果。

（三）语言、文化和交际的联系

文化被视为"信仰、价值观、习俗和行为举止的一个共享体系，人们用其与他人和世界交流，并通过学习的方式将其传承"。这就说明，文化由共享的行为模式（交际）和意义系统（语言）组成。也有人认为，文化包含物质、价值观和行为模式。文化是社会成员共有的精神特质、行为习惯和思维方式，是社会成员约定俗成的一些习惯。语言和交际体现着文化的内涵，也是文化的重要组成部分。由此可见，语言、文化和交际是不可分割的一个整体。

在由语言、文化和交际共同构成的人类活动体系中，语言是交际的重要手段，是传递信息的手段。文化是交际的背景与前提，影响着交际的内容、形式。交际

的过程不仅能体现思想，也能表现交际双方之间的联系。思想能通过语言传递，而联系则通过行为、语气等潜在的特征表现出来。语境是交际的重要前提，包括交际的客观环境、场合性质和不同的人际关系。环境因素会对人的语言、行为和语气等产生影响，因而交际另一方所获得的感受和理解也会产生不同。语言环境也是社会文化的体现，面对相同的环境，拥有不同文化的人会产生不同的反应。由此可见，文化会对交际的结果产生影响。

人类的生活经历、思维方式和价值观会作用于人的语言习惯。社会文化大环境的变化引导着人类语言模式的转变。交际则在人与人之间传递着语言和文化的改变。可见，语言、文化和交际是不可分割的。

第四章　基于跨文化交际的英语教学

本章主要论述基于跨文化交际的英语教学问题，分别从跨文化英语教学理论建构、跨文化交际英语教学基础、跨文化英语教学的原则与方法、跨文化交际中英语教师能力的培养、英语教学中学生跨文化交际能力的培养五个方面进行系统研究。

第一节　跨文化英语教学理论建构

一、高校英语跨文化教学理论基础

（一）语言与文化、语言教学与文化教学的关系

在社会实践当中，人们已经越发认可语言与文化之间的相互融合的关系。语言学也从传统的只关注语言转变为涵盖语言的交流、文化、社会等多方面属性。社会语言学、心理语言学等学科由此得以衍生。语言的跨学科研究是学者重点研究的领域。教育学界逐渐对语言与社会、语言教学文化之间的联系和因果关系有了更清晰的认知。语言的产生有赖于人类行为的发展和文化的形成，语言的交际属性融合了表达情感、理解、感知，以及展现思维的功能。表达情感、理解和感知是语言的基础，也是语言最明显的功能。展现思维则是语言的潜在功能，是人类心理活动的表现。语言的这两种功能也是不可分割的。

英语学习的目的是多元化的，提升学生的英语交际能力是高校共同的教学目标。这就要求学生对语言背后的文化体系有所了解，再从文化的对比中反思两种文化的区别，从而在脑海中形成英语的语言使用和文化系统，逐渐完成英语知识框架构建。在传统教学中，只学习语法语句的形式必然无法满足对于学生知识的需求，因此，教师必须重视英语语言教学与文化教学的配合及相互促进。

跨文化交际能力培养这一目标将跨文化交际与语言学习两个单独的学习进行了融合，体现了教育中学科融合的特性。在这一过程中，两个独立的学科逐渐渗透，最终改变了英语教学的思想和方式。跨文化交际能力与英语学习、文化学习之间的关系再也不可分割。

（二）跨文化英语教学是外语教学发展的需要

随着社会的发展，英语教学对文化学习的要求越来越高。跨文化英语教学是社会发展和时代进步的要求。文化的渗透为英语学习提供了丰富、多变的环境，使语言教学在更有趣味的同时提升了其实用性，同时，学生在进行英语学习时也能更加有效率。文化背景下的英语教学更能让学生认识到英语学习的意义，增强其学习动机，激发其学习主动性。

英语学习与文化学习的结合是现今社会对跨文化交流重视的结果。文化学习既是学生内心世界发展的需要，也是其社会生存技能的要求。学生以往通过文学作品、网络知识所了解的文化大都只浮于表面或者过于片面，缺少亲身经历的真实感，从情感上就难以真正接受。而在英语教学过程中加入跨文化学习则能为学生提供真实的文化背景，使学生在语言学习的过程中逐渐加深对文化的认知和了解。

二、跨文化英语教学目标和内容

（一）跨文化英语教学的目标

跨文化英语教学的总体目标是：让学生掌握英语知识、熟练掌握英语应用，使学生具备英语交流的能力，同时熟悉英语文化和英语人群的社会习性和特征，具备英语思维，能够与英语人群进行跨文化交流。这是英语教学的语言目标和社会目标。让学生在交际过程中学习英语原本只是一种学习方式，但是，随着国际交流对文化越来越重视，跨文化英语教学也就从中衍生出来了。提高英语交际能力只是跨文化英语教学的一方面，是培养学生跨文化交际能力过程中的一条途径。英语交际能力培养并不是跨文化交际能力培养的附属品，二者是同等重要的。英语交际的重点是语言的运用和学习。而跨文化交际能力则重点培养学生的文化感知和思维能力，旨在增强学生的文化意识，在语言知识学习中渗透文化意识和思维，培养学生的多角度思维能力，让学生在面对不同文化群体时能够灵活转变思维，提高在交际中解决由文化隔阂所带来的难题的能力。由此可见，英语跨文化教学能够挖掘人的潜力，提高人的综合素质。英语交际能力可以算作英语跨文化交际能力提升的前提，二者是相辅相成的，能够实现共同发展。

在我国，相关学者对英语交际能力的要素和提高方式做了许多研究，英语交际能力培养方式已经相对比较完善，形成了比较稳定、实用的理论和实践体系。相关理论在大量长时间的英语教学实践中得到了论证和发展。跨文化交际能力作为英语交际能力的重点内容，有众多的学者对其进行了研究和论证。跨文化交际能力培养是沟通英语教学和跨文化交际的重要桥梁，使得它们逐渐融合渗透。从实践中可知，二者之间的渗透融合不是简单的累加，而是相对独立的共同发展、共同促进的和谐状态。语言与文化的有机结合是跨文化英语教学必须坚持的原则，英语教师在构建教学框架时必须重视语言和文化的相互渗透和有机融合。这一原则必须贯穿整个英语教学过程，指导英语教学的进程和方向。

英语中用 goals，aims 和 objectives 等三个词来表达不同层次的教学目的。前面已经提到了英语教学的目标就是 goals，这是对教学目的的一个总体、抽象的描述。只有对抽象的目标进行具体分析，才能将其转化成可供英语教师进行教学设计的依据和参考，这些细化了的目标就是教学目的（aims）。与这些目的相伴而生的是衡量达到这些目的的标准（standards）。目的和标准的确定非常重要，因为它一方面是对总体目标的细分，是总体目标实现的衡量标准；另一方面又是对教学具体实施的指导，是确定课堂教学目的和教学活动的基础，同时也是教学评估和测试的基础。这种承上启下的作用决定跨文化英语教学要得到外语教学界的普遍认可，成为一个健全、合理和实用的英语教学法，就必须有明确的教学目的和标准。

教学目的和标准的确定基本上属于一种政府行为，一般是由教育机构发起，委托数名专家组成项目组进行调查研究，提交报告，最后再由教育部门审定和颁布，并监督实施，如美国 1996 年公布的面向 21 世纪全国英语教学标准，以及各州随后根据这一全国标准和地区的实际情况制定的英语教学的目的和标准。这说明教学目的和标准的确定受社会文化和政治经济等客观环境的影响，虽然跨文化英语教学的本质特点适用于任何国家和地区，但是，其教学目的、标准和教学方法在美国和欧洲可能有所不同。同样，在我国，跨文化英语教学也应该具有特色。

（二）跨文化英语教学的内容

跨文化英语教学的主要目的是学习知识、培养目的和端正态度。教学必须围绕这三个层面来开展。

跨文化英语教学的内容包括语言学习、文化学习、文化区别意识培养和跨文化交际能力。语言和文化共同构成了英语学习的基础内容，学生通过对语言和文化的学习能够掌握基础的语言知识，具备使用语言交流的能力，即英语交际能力。

文化区别意识包括语言意识和文化意识两方面，这些意识也是基于语言文化学习而形成的。学生通过意识培养能够了解英语的思维习惯，并可以结合母语的思维习惯找到语言习惯的普遍规律，了解语言和社会风俗、文化发展之间的联系。

培养文化意识是要让学生通过对文化的构成、发展、作用特质的分析来了解文化的内涵。学生只有形成文化意识才能具备跨文化交际能力的基础。

跨文化交际能力的培养是以文化交流为最终目的的教学内容。学生要通过知识学习获得文化交流的能力。教师要在教学过程中通过多种形式给予学生体验英语文化的机会，让学生在此过程中加深对文化差异的认知，对本族文化与外族文化之间的不同方面的差异有所了解，形成与目的语文化之间的情感联系。文化交流和语言应用能力并不是相互独立的，文化交流依托语言交流而存在，语言是交流的途径。

三、跨文化英语教学大纲的特点

跨文化英语教学的本质特点是以跨文化交际能力为组织原则、以文化为中心，这显然与提高英语阅读能力或英语交际能力为目的的英语教学不同。

（一）三种英语教学大纲比较

早期传统英语教学的大纲受语言学影响，具有很强的科学性，英语教学内容被线性分割，语音、语法和词汇等是教学的主要内容。这种客观科学的教学大纲的典型代表是直接法和听说法。后来的交际法英语教学和其他一些以语言能力为目的的英语教学法采取的是一种介于科学性教学大纲和人文性教学大纲之间的，具有过渡性和连接性的课程大纲，其特点是强调学习者使用所学语言知识来表达思想和感情的重要性。在这个教学大纲中，意义的理解和表达重于语言结构和形式的学习，学习者的个人需要和主观作用得到了一定程度的认可。人文性的教学大纲考虑英语教学的社会、经济和政治环境，以及学习者的知识和体验对于英语教学的作用，沉默法、暗示法和社团学习法都属于这种人文性的外语教学模式。

交际法和人文性大纲都包括了文化内容，只是前者的文化内容教学较为肤浅，只涉及与语言和语言使用相关的文化内容，而忽视了社会文化环境和学习者个人文化背景在外语教学中的作用；后者的文化内容虽然较前者要丰富、自然得多，但其目的仍然是促进语言教学，文化在外语教学中仍处于辅助的地位，文化教学的价值和独立性没有得到重视。跨文化英语教学才真正认识到文化教学不仅对语言学习必不可少，而且也是跨文化交际能力培养和学习者个人综合素质发展的必经之路。将文化教学提高到与语言教学同等重要的地位是跨文化英语教学的特征。

（二）跨文化英语教学大纲的特点

跨文化英语教学大纲的特点可以归纳为以下几点：

1. 文化与语言互为目的和手段，共同构成英语教学的基础内容

如果没有文化，语言就没有固定的模式和规律。文化的学习能够促进学生对所学知识的理解，帮助学生灵活掌握语言使用的方式。有了文化的渗透，语言更加立体化，便于学生理解和掌握。同时，在文化背景之下，学生能够更加接近真实的语言，从而自主进行学习。有了文化作为支撑，语言教学更加生动有趣，提高了学生对英语学习的兴趣，使学生建立了自主学习的意识，提高了学生的学习效率。

从这个意义上来说，文化学习的目的是更好地学习语言，文化学习是语言学习的手段。这种观点得到了很多英语研究者和英语教师的认可，并在英语教学中广泛实施。在跨文化英语教学中，这只是一个方面。

语言是对文化的反映，语言学习的过程中少不了文化的渗透。学生在掌握新语言的过程中，也必然伴随着对新语言相关人文知识的了解，从而拓展了知识面，开阔了眼界。学生学习语言的过程也是体验文化的过程，学生会在此过程中不知不觉接受跨文化交流的能力培养。所以说，语言学习的过程也是文化学习的过程，语言学习的目的不仅是知识学习也是文化学习。

值得一提的是，学习者的母语和本族文化在这一教学过程中起着重要的作用。它们虽然不是教学的主要内容和目的，但是在培养语言意识和文化意识，进行文化对比时，母语和本族文化的作用不可轻视。根据跨文化外语教学的标准，学习者反思并更好地理解自己的民族文化和个人的文化参考框架也是教学目的之一。

2. 文化教学与语言教学有机结合

这是对前一点的继续说明。处于同等重要地位的语言与文化内容的有机结合贯穿外语学习各个阶段（初级、中级和高级）、各个环节（外语教学计划、课堂教学和教学评估与测试等）和各门课程（听、说、读、写等）。语言学习和文化学习所占的比重并不固定，受学习者的水平和认知能力的影响，也与不同阶段的不同学习目的有所关联。总的来说，语言学习和文化学习是同等重要的。从语言教学实践来看，语言学习和文化学习是密切相连的。从传统教学方式中可以看出，英语语言学习与文化学习处于长期分离的状态，大部分学生的英语学习成果并不尽如人意。想要将二者有机融合并非易事。教学内容的膨胀和不熟悉的教学要求往往会使缺乏经验的教学设计者和教师难以兼顾。这就要求大纲制订者、教材编写者和教师培训者等专家广泛合作，充分研究语言与文化在教学中结合的途径，将研究结果转换为实用的、操作性强的、系统化的大纲、教材和培训项目，给教师以足够的准备和实实在在的帮助。

跨文化英语教学的目标是通过小学、中学、大学，甚至持续到大学毕业后的英语教学和社会实践来实现的，这是一个连续的、一贯制的学习过程。在这个过程中有很多因素会对教学成果产生影响，各阶段教学目标的确定、课程设置、教学活动、教学方法、教学原则、教材、测试和教师等因素起着决定性的作用。

第二节　跨文化交际英语教学基础

一、跨文化交际中的英语文化教学

在通常情况下，我们认为，信息化和资本国际化的迅速发展让不同国家之间的联系越来越密切，多元文化的碰撞和交流一定会产生，这也可以说是全球化环境下人类交往活动的一个重要特征。

另外，文化的交流需要语言，语言常常被认为指代着文化现实，二者紧密相连。随着各种文化的交流加深，人们慢慢地发现跨文化交际能力在语言教学中具有重要作用。

我国经济在全球化发展过程中需要一批具有国际化视野的人才。

为处理全球化给新时代的语言教学提出的难题，我国的语言教学和研究开展了相应的变革。

以此为基础，我国的跨文化教学研究有了一定成果，我们在本节中，主要对母语文化和大学英语教学之间的关系展开介绍。

（一）英语课堂的跨文化教学

1. 母语文化在大学英语教学中的现状

西方文化正是在经济进步、国际交流等需求的驱动下，以相对以前来说更温和的手段进入我们的生活。

从语言方面来说，我们对英语学习的主动性空前高涨，很多儿童在很小时就已经学习英语，很多人还会在大学毕业后因工作的需求去"进修"英语。

另外，相关语言课程的设置也能够体现大众对英语的重视。英语课从学前教育延续至高等教育的不同层次，对英语语言能力的测试也成为衡量学生综合素质的一项重要指标。与之相对应，我国母语文化的教育则处于相对弱的地位，部分大学生的母语文化知识依旧固定在中等教育的层次，还会出现在几年大学阶段的学习后，大学生的母语的应用能力有了一定程度退化的现象。

2. 母语文化进入大学英语学习的途径

（1）设计含有母语文化教学任务的教学大纲

大纲设计能够从宏观的政策层面指导大学英语教学。教学任务常常被认为具有为具体教学活动提供引导的功能，是大纲设计中最核心的一环。

在培养学习者跨文化交际能力的目标方面，大纲设计需要做到以下几点：

①大纲设计要求

第一，学习跨文化交际要以多元文化为中心。

第二，学习跨文化交际要对英语文化和我们的母语文化进行平衡。

应以以上两点为基础进一步指导大学英语教学和研究。

②具体要求如下：

第一，普遍要求。学习者的学习要以普遍性话题（与中国文化和社会有一定联系的）为主，并对传统文化概念有一定深度的理解。学习者能以多元文化的立场发现文化间的不同之处，同时能够以母语文化为基底，渐渐形成相对稳定的文化身份。

第二，更高要求。学习者能用更准确的语言表述与中国文化社会有一定联系的话题，对传统文化概念有进一步的理解，具备多元文化立场和以母语文化为基础的稳定文化身份。

（2）有效利用教材平衡中外文化教学

现在，高校基本使用的相关教材直接涉及文化话题的内容不是很多。

由于网络方面相关信息的繁杂多样，语言材料的获取方式有很多，教师在选取时需要注意以下几个方面的内容：

第一，语言方面的相关材料必须使用真实语料，使学生可以在这一氛围中不断加深对语言文化的准确认知。真实语料，表示的是真实语境里面使用的、达到英语语言规范的语料，其不单单包括真正的英美国家人们所使用的语料，还包括以英语为母语的人或将英语作为第二语言且掌握得很好的人所使用的语料。

第二，语言材料的选择得保持英语文化和母语文化的平衡。一方面，需要使用能够反映西方文化的语料；另一方面，需要使用反映中国文化和社会生活的语料。

第三，要保证所使用材料的形式具有多元化。教师应具有开阔视野，熟悉现代电化教育和网络技术，会找出可用的英语原声电影、讲座等，且能够以此为基础组织有创意的课堂活动，让学生有机会应用英语开展有价值、有跨文化交际目的的互动。

（3）采用多样的教学方法

采用多样的教学方法可以让学生有机会体验多元文化语境，思考文化的多样性，让学生把活动准备层次获取的知识用于实际的教学活动中，亲身实践。

以此为基础，为了促进本土文化在英语课堂中的作用，促使学生更好地去认识多元文化，我们建议采用了以下几点措施：

①将本土文化导入加入知识背景导入。背景知识导入是传统文化导入的手段，在现在的外语方面的相关课堂中地位依然较高。以教师为核心的背景知识导入，一方面形式不丰富，另一方面却依旧是一种"又好又快"的文化知识输入手段。恰当的应用可以对提高文化输入的系统性有帮助。但是，背景知识的输入常常会陷入两个误区。其中一个是英语文化和母语文化之间达不到平衡状态。

文化方面的相关背景知识输入中的一个误区是刻板印象的产生。教师在开展文化知识输入的过程中，常常会不由自主地渗进自己对文化的理解。如果教师的语言选择不怎么严谨，就常常可能造成学生对文化形成刻板印象，如"德国人很严肃"等。在展开背景介绍时，教师应注意具体情景，关注不同文化的多面性，避免对文化的片面理解或概括。

②带动学生采用对比法探索文化概念。探索文化概念是一种促进学生思辨能力、提高对母语文化认可、增强跨文化交际能力的重要渠道。探索的手段非常多，其中比较常见的是语言特征分析。无论是词汇、篇章，还是语法、语音，语言的不同层面都与文化密切相联系。学生通过对比、分析，挖掘其中的关系，能够更深入地认识语言，更清楚地注意到文化的影响力。词汇方面的教学材料，如中西文化中"狗"的文化概念对比。另外，篇章、语法和语音所隐含的文化概念更加隐蔽，学生得有足够强的能力来探索。

探索式学习还对学生形成多元文化价值观有帮助，可以很好地增进学生对于不同文化的认同，减少学生的文化焦虑。在开展探索式学习的过程中，教师应引导学生对文化进行多面性认知和了解，尽量防止片面、狭隘思维和看法的形成。

如果教师可以做到这一点，那么学生不仅能够认知和了解文化的多面性，还会对相异文化的特性进行深入思考，并且促进学生思辨能力的上升。

③通过体验学习感受中外文化的不同。荀子曾说过："不闻不若闻之，闻之不若见之，见之不若知之，知之不若行之。学至于行之而止矣。"后来，约翰·杜威提出"做中学"的观点，将体验式教学活动分为以下几个步骤：

第一，创立一个相对来说真实的经验环境。

第二，在环境营造的真实情境中产生真实的问题。

第三，进行材料搜集工作。

第四，产生问题的应对措施。

第五，经由应用对措施进行检验。

这些步骤一方面对学生感受学习的过程进行重点说明，另一方面对学生在学习过程中的所得进行"整合"，以使教学活动的价值得到展现。

在跨文化交际活动中，单单说一种语言的人，即使对其他文化有很多的认识，如果没有亲自体验这一过程，那么他们对相关语言文化知识的理解就仅限于是认知阶段。如果他们没有多方面交际的相关能力，那么即便他们可以用自己掌握的语言对跨文化知识进行说明，其理解依旧是间接的，他们常常会因立场单一对思想的形成和表达造成不利影响。因此，教师在准备大学英语体验活动时，得充分考虑大学生在生活中使用英语的情境；而对于学习大学英语者而言，其会更希求学习如何在母语语境中成功交际，如何将母语文化中的思想表达出来，以及如何在跨文化交际中保留自己的母语文化身份。

总之，背景知识方面的相关导入、对文化概念方面的相关探索和体验式教学分别从认知方面、情感方面和行为方面提供给了学生认知、了解和体验文化的可能性，让学生可以慢慢地对文化进行更深层次的认识。将本土文化与这些教学方法联系到一起，推动了学生更好地了解和认知多元文化，也可以对学生对本土文化或西方文化的片面认同起到一定的预防作用。

（二）跨文化英语文化教学目标

对跨文化英语文化教学方面的关注，一方面是跨文化交际的需求，另一方面是学生学习和开阔眼界的需要。

文化常常被人们认为是一种"额外"知识出现在语言教学中。随着社会经济的进步和交际语言教学法相关理论的发展，我国外语教学的重心从传统语言知识的传授转向语言运用水平与技能的培养方面，文化教学的目标从单纯地传达目的文化的信息转变为提高学生实际交际水平和技能方面。

慢慢地，很多人发现，单单认识目的语文化的知识和培养目的语文化环境中得体的交际行为还远远不够，跨文化能力相关方面的培养应被提高到当今世界语言文化教学的更高目标层次。

1. 欧美外语教学

在欧美外语教学方面，跨文化交际能力的养成很早就被列入外语教学的目标名单里。

（1）美国

美国的《面向 21 世纪的外语学习全国标准》指出：外语教育涵盖五个目标（也可以说是五个 C），其具体内容如下：

①交流（Communication）：即语言交际方面的能力，其往往被认为是进行外语学习的重点。

②文化（Cultures）：即文化知识，其往往被认为是交际活动的基本保障。

③相关知识（Connections）：就是应用所学的外语巩固和拓展已学的其他学科知识，以此为基础不断获得对新技能的了解和掌握，其往往被认为是外语学习的一个重要目的。

④比较（Comparisons）：即经由对目的语、目的语文化和母语、母语文化的相互比较，学习者可以提高对二者语言和文化的进一步认知，而且也能够对语言和文化的相关方面本质得到某种程度上的感悟，并对文化不同之处可能造成的交际困难有大概的认识。

⑤群体（Communities）：群体作为一个目标概念指的是外语学习者融入国内外多元文化环境，应用所掌握的外语技能和文化技能有效地工作，愉快地生活。

（2）欧洲

在欧洲，欧盟的成立推动了欧洲语言政策的改革。21 世纪初，欧盟的《欧洲语言教学与评估共同纲领》就将语言能力划分为综合能力（主要包括学习能力、陈述性技能等）和语言交际能力（主要为语用能力和社会语言方面的能力）。

每一项具体能力都与跨文化交际能力有关联，说明了文化教学在外语教学中的核心价值。

该纲领还认为，当代语言教育是为了实现欧洲语言和文化多元化特征的更深层次上的维护和发展，也对学习方适应多元化社会和环境产生一定的益处——通过跨文化交流活动，人们之间可以相互理解，对各种文化普遍抱有一种包容和尊重，有利于各国之间的亲切合作。

2.我国跨文化英语文化教学

（1）"显性"路径

一般来看，"显性"路径是独立于语言学习的，往往是一种比较直接、聚合的文化学习路径。"显性"路径一方面可以从"英美概括"类文化课程中体现出来，重点是对文化知识的讲授，希望可以为学生提供系统的知识框架，提高学生对文化的整体了解与认识。另一方面可以在外语课堂中常用的文化导入中有所体现。该方面的导入常常是以较为系统地对文化知识点进行教授为重点的，涵盖以下几个方面的内容：

①知识文化。

②对交际不利的文化因素。

③词语的文化环境——背景。

④话语、语篇结构涵盖的文化因素。

⑤非语言形式的文化背景知识。

另外，"显性"路径的缺点比较明显：学生不能够感悟现实交际活动中"肉眼看不到"的文化特质，会忽略当前社会进步所需要的点，它们分别是学习者在交际活动中对交际能力、思维能力的发展要求，以及学习者在跨文化交际中的实践需求。

（2）"隐性"路径

一般来看，"隐性"路径是与语言学习相互交融的，往往是一种比较间接、分散的文化学习路径。"隐性"路径对学生的主动参与非常重视，往往渗透于语言学习的进程中。实际来看，"隐性"路径对学习者思维方式的"内化"影响较大，能够帮助学习者熟悉母语文化的隐蔽内容，也解释了外语学得好的人的思维方式常常与一般人不一样的情况。

（3）跨文化交际能力养成目标的具体内容

教学的目标涵盖知识、思维、实践等各个方面，其最终目标是跨文化交际能力的形成。以此为基础，在大学生语言层次相异、专业相异的情况下，跨文化交际能力养成目标的具体内容要求如下：

①普通要求：普通要求是高校非英语专业本科毕业生须达到的最低要求，主要是希望学生拥有一个稳定的知识、技能、价值等方面的系统。

第一，对目的语文化尊重，拥有积极心态，具有较强的文化敏感性。

第二，了解母语文化和目的语文化的常见的习俗和社会制度。

第三，能和拥有目的语文化的人正常沟通。

第四，可以用目的语对母语文化的一般性话题进行介绍。

第五，有能力依靠所学的文化知识和交际策略避免文化不同之处导致的交际困难情况的出现，并可以对人际关系进行发展。

第六，有能力识别母语文化和目的语文化的区别和共同点。

第七，能够欣然接受人与人之间、文化与文化之间的不同之处。

第八，可以在开展跨文化学习的过程中扩大眼界，发现自我，增进自我。

②更高要求：更高要求一般是英语水平较高、英语学习动机较强且有一定学习精力的学生应该达到的要求。

第一，对目的语文化尊重，拥有积极心态，文化敏感性强。

第二，较为深入地认识母语文化和目的语文化常见的习俗和社会制度。

第三，有能力以灵活、有效的手段展开跨文化交流。

第四，可以用目的语对母语传统文化和社会话题进行分析和讨论。

第五，有能力组织、协调跨文化相关的活动。

第六，有能力借助已有知识和经验分出母语文化和目的语文化的不同点和相同点。

第七，能够接受并欣赏人与人之间、文化与文化之间的根本相异的地方。

第八，可以在开展跨文化学习的过程中进一步扩大眼界，认识自我，增进自我。

我们需要知道：跨文化英语文化交际能力的提高不能只依赖英语这一门课实现，高校应将跨文化交际能力的养成目标纳入学生的整体培养计划中，让学生可以在平时的实践活动中，特别是与专业相关的实践活动中进行跨文化交际能力的相关锻炼，塑造健全人格。

二、跨文化交际中英语文学教学

自 20 世纪 90 年代以来，我国的文学理论研究受到了全球化的影响，使得流行文化得以兴起。国内知识分子和学者进行了大量的研究，对各种文化思想进行整理和批判。在全球化语境下，社会不仅对英语教学提出了更高的要求，而且对英语文化教学提出了新的要求，尤其是在当前跨文化交际实践活动日益频繁的今天，为确保跨文化交际实践活动得到高效地实施，不仅要确保交际行为参与者在语言交流工具方面具有较强的学习能力和应用能力，还要确保其在交际过程中能更好地加强对文化知识素材的学习和运用，只有这样才能更好地为跨文化交际活动的开展和学习者语言交际能力的提升奠定基础。所以，教师在英语教学中要将英语文学知识内容要素进行融入和渗透，这样能更好地缩短学生在交际活动中的文化距离，使得学生的综合性文化素质得到有效提升和优化，所以，必须切实加强英语文学教学工作的开展。

（一）跨文化英语文学教学的新要求

2018 年 3 月，北京外国语大学、教育部高等学校外国语言文学类专业教学指导委员会，以及教育部高等学校大学外语教学指导委员会，联合举办了第三届全国高等学校外语教育改革与发展高端论坛。论坛中聚集了高校校长与外语教育界的专家学者和教学管理者以及一线教师等众多代表，共同商讨我国高等外语教育改革和发展大计。我国高等外语教育需要站在新的起点。针对英语教学的新的要求：一是提升学生在全球经济一体化进程和全球治理中所具备的核心素养，二是不断强化学生通晓和掌握国际规则与协同合作的能力，三是注重学生发现、分析和解决问题的能力的培养，四是提高学生的跨文化理解和表达的能力等。

为促进实际能力全面化的人才培养，高校需要在英语教学中思考采取哪些方式帮助学生深刻理解目标语言文化。就大学的英语专业而言，采取文学利器强化学生对目标语言国家文化的深入理解是一种不错的选择。这是由于文学中虚拟世界的故事情节和环境描写，都能有效地将文化内涵体现出来，尤其是结合文化的写作背景，能够更好地促进学生对其的理解，帮助学生提升在阅读和欣赏以及理解英语文学原著等方面的提升。所以，全球化语境下的英语文学教学要求对学生综合学习能力进行培养，强化学生的英语文学素养，提高学生的社会实践能力。

（二）英语文学教学开展的对策分析

为了达到全球化语境下的英语文学教学的新要求，全球化语境下的大学英语教师需要在教材体系和教学模式两个方面努力。具体的论点分析如下：

1. 以完善教材体系为载体，为"新要求"的实现奠定基础

（1）大学英语文学课的教学现状分析

当前，我国大学英语文学课面临的主要教学问题就是难以从英美文学概念上突破，导致基于英语这一载体促进英美两国之外的国家和地区、民族与文化所创作的文学作品被忽视，使得英语文学视野在一定程度上被遮蔽，导致学生在大学学习期间对广泛文化的接触和认知的缺失，而这就给当前全球化语境下亟须培养具备跨文化交际的各种能力外语人才带来了巨大的挑战。

（2）切实拓展英语文学的新内涵和新认知

经典文学作品不仅能将文学史的艺术成就有效地彰显出来，还能彰显民族文化智慧的结晶。所以，我们在加强对经典文学作品解读的同时还要对视野不断地拓展和优化，尤其是在当前全球化语境下，为了培养更多满足"新要求"的人才，我们必须切实加强对英语文学的认识，也就是将传统的英语文学概念扩展到所有的采用英文写作的文学作品，从而更加全面、更加广泛地覆盖不同的文化和不同的民族，适应时代发展的潮流。例如，*Literature in English* 1993《英语文学（1993）》，这一文学选集中收录的不仅有从盎格鲁—撒克逊时代到 20 世纪 80 年代的 1200 年间的代表性英语文学作品，而且在选材上具有多样性的优势。入选的文献的作家，既有来自美国、英国和爱尔兰的经典作家，也有来自澳大利亚、加拿大、印度、新西兰、南非、新加坡、圭亚那、尼日利亚、牙买加、圣卢西亚和巴巴多斯等国家的作家；就入选作品体裁而言，不仅有经典的小说、诗歌和散文，还有翻译作品。学生阅读这样的选集，既能对英语演变的过程有一个全面的认知，对文学定义变化和文学传统演进，以及文学批判观点变化与艺术表现也会有一个全新的认识。这些作品还能让学生了解不同社会中的作家是应用同一种语言对历史和现实进行反映的，以及作家是如何运用独特的表现手法的。

在这一选集中，不仅将不同时代和不同民族的社会风貌和思想情感彰显出来了，还能利用文学将时代变化淋漓尽致地体现出来。

（3）强化教材体系改革的必要性分析

新文化的不断出现，使得英语文学教学不只是将英语文学作品引入课堂，还需要为学生创造有效的方式，引导学生对全球化语境下以英语为文学创作语言的国家与社会的文化有一个更好的认识，这就需要在英语文学教学中对于教材体系进行不断的优化和完善。学生接触的很多英语文学作品往往难度较大，而且这些作品中往往有很多生词，如《贝奥武夫》，在文学课教学时，教师往往是对语言难点进行精读，这显然与文化教学方向相悖。这就需要教师确保所选教学材料的难度适中，并对其进行精心安排，如教师可以将体裁作为教材的线索，将难度较大的安排在后面，采取循序渐进的方式进行，促进学生学习效果的提升。教学内容采取从简到繁的规律安排，能促进学生学习兴趣和认知能力的提升，所以，在新形势下，我们需要注重对于英语文学概念的学习，并在难度上逐渐提升，以更好地促进大学英语满足文学教学的需要。

2. 以完善教学模式为载体，打造研究型文学教学新模式

大学英语文学的教学目的就是在促进学生人文素养提升的同时，优化学生对英语文化的认识，达到促进学生跨文化交际能力提升的目的。教师就需要加强教学模式的完善，采取有效的教学模式，促进学生更好地在文学的虚拟现实生活场景中发现文本生活中的问题，有助于学生批判性思维能力的培养，并利用文学作品中所提供的多色调社会生活场景和对于人性深度的解释，给学生思考张力和探索空间的优化和调整提供支持。

3. 基于研究型的文学教学新模式的应用

为确保大学英语文学教学课堂的高效性，教师需要在教学中加强对学生的引导，并基于学生的主动学习，着力打造以文本细读为核心的研究型课堂。在文本细读中，教师不仅要帮助学生加强对语言的理解和情节的梳理，还要帮助学生在文学作品中发现不同的表达方式，使得学生在体会诸多修辞手法的同时，能够更好地领略作品所彰显的思维方式与韵意，理解表达方式的针对性和不同点，并做好注释，这样就能更好地感受和理解原文本的细微和巧妙之处，并且进行评价和质疑，还应将这些学习心得写下来，为促进主题性学习的实施做好准备。而在实

施主题性学习过程中，教师需要引导学生加强对文本表达基础的理解，这样才能更好地探讨文本的主题内容。例如，在教学《麦田守望者》时，教师可以在学生细读之后，引导学生对成长这一主题进行探讨，使学生意识到成长不仅与他们自己有关，还与各种社会问题碰撞时如何选择有关。所以，教师可通过主题来实施研究性的学习，帮助学生进行跨文化认知、独立思考和进行批判，从而促进在跨文化方面实现交际能力的提升。

第三节 跨文化英语教学的原则与方法

一、跨文化英语教学的原则

（一）认知原则

在进行文化教学的过程中，有很多学者都把文化理解和文化交际作为文化教学的总体目标。其实，在总体目标的过程中，最主要的目标应该是认知目标。认知目标中的认知原则涵盖了两方面的内容：一是理解目的语文化，也就是对源语语篇信息进行分析、加工的能力。二是对相关技能进行培养，包括观察社会现象和文化现象、辨别与审视目的语和母语文化的异同等技能。

让学生对目的语的文化进行理解和学习是英语教学在跨文化基础上遵守的认知原则。由此，我们可以发现，认知原则的主要内容是对目的语文化的了解和理解，而不是真正地将这些文化落实在实践行为上。

①在日常生活中，通过个人实践所获取的知识只是我们所有知识的一小部分，大部分的知识都是来自我们对间接经验的学习。由此可以了解到，知识学习的过程就是对间接经验进行积累的过程。

②在实际的教学过程中，在跨文化基础上进行的英语教学中，认知原则是最符合实际情况的。在实际教学中，很多教师并没有在目的语国家生活或学习的，这些教师获得的英语知识也是一些间接经验，因此，他们传授的英语知识是一些间接的知识。

③对认知原则深入了解后我们就会发现，学生培养的目标与认知原则的主要

内容是一致的。但是，教师在跨文化基础上进行英语教学的过程中，一定要注意对不同的学生有不同的要求。例如，对于那些未来将要从事外贸、外交等领域的学生，教师就可以要求他们掌握和了解一些目的语国家的一般知识。

④在跨文化基础上进行的英语教学中，认知原则的内容与教学是相适应的。在跨文化基础上进行的英语教学与其他学科的教学是不一样的，事实上，文化教学并不是一项单独的学科，而是与英语教学的内容紧密联系在一起的，教师只有在英语教学的过程中不断地将目的语文化进行渗入，才能实现提升学生目的语国家文化交际能力的目标。所以，教师在进行英语教学过程中，需要在课堂上向学生渗透一些目的语的文化知识。

（二）比较原则

在实际的教学中，教师只遵循认知原则是不够的，还需要遵循比较原则。那么，什么是比较原则呢？

简单来说，比较原则就是教师在进行英语教学的过程中需要将母语文化与目的语文化有意识地进行比较。一些学者认为，学习者学习一门外语并不是零基础的，而是以自己的母语为基础的。母语是目的语与目的语文化学习的基础。也就是说，一个人在学习目的语时自己所掌握的母语文化会对目的语的习得产生影响。

不同的环境造就了不同的文化，不同的文化环境造就了不同的人，所以，不同的人在对待一件事物时会拥有不同的判断角度，还会有不同的评价标准，这也就导致在进行文化交流的过程中极有可能出现文化休克和文化暴力等现象。所以，教师在跨文化英语教学的过程中，要经常将目的语文化与母语文化进行比较，从而减少文化之间的差异，以及减少文化休克和文化暴力现象的产生。

通过母语文化的参照作用，教师可以培养学生文化差异的敏感度，通过东西方语言的比较，让学生触及文化差异，感受文化冲击，从而增强他们的交际能力和语言适应能力。教师通过对非语言能力进行比较，可以让学生感悟和把握目的语的文化内涵，使得学生在进行交际的过程中，减少文化差异，提高交际能力。跨文化教学旨在让学生在学习过程中学会运用英语进行交流，学会用一种更有效的方式来表达思想和观点。对文化进行比较目的就是找出人类文化的共性和个性，跨越不同文化的边界，让学生成为"多文化的人"。"多文化的人"的特征之一就是具有跨文化意识，也就是能够在不同文化背景下进行交往活动。"多文化的人"区别于普通人的方面主要是他们能将自己的智力和情感都投入到人类共同的利益之中，同时承认、接受并欣赏人与人之间、文化与文化之间的根本差异。

（三）同化原则

在以跨文化为基础进行的英语教学中，教师仅帮助学生对目的语文化进行理解，说明目的语文化和母语文化之间的异同点还远远不够。学生只有将目的语文化的内容为己所用，才算是真正地掌握了目的语，而这也就是同化原则的意义了。

运用对比的方法，我们能找到两种文化的不同。对于英语学习者来说，了解和学习文化差异是很有必要的，有利于提升学习者的人文素养。

二、跨文化英语教学的方法

（一）注解法

很多英语教材都是在运用注解法。注解法可以灵活、简单地帮助学生理解文章当中困难的词汇和语句。对于课文中空余的篇幅，学生可以将其用于注解。但是，这种方法存在一定的不足，那就是学生获得的知识是零散和不系统的。

（二）融合法

融合法就是将文化内容与语言材料结合在一起，通过一些词语典故、历史事实等对学生进行语言教学和文化教学的教学方式。这种方法也是优缺点共存，其优点就是这些教学材料可以激发学生的学习兴趣，也可以对学生的文化教育产生潜移默化的效果，但是，教材内容在编排时会有一定的困难。

（三）实践法

实践法是指指导并组织学生在听、说、读、写等特定语言实践中学习并理解目的语的文化知识，如可以采取观看电视录像和影片、召开相应专题讨论等方法。另外，学生通过阅读目的语的文学作品，也可以了解和学习目的语文化，因为，一个民族的文学作品是这个民族文化中最本质的组成部分，也是这个民族传统文化的根本积淀。

第四节　跨文化交际中英语教师能力的培养

一、跨文化交际中英语教师素质的培育焦点

跨文化英语教学思想是在交际英语教学基础上根据英语教学的特点和跨文化交际日益频繁对英语教学提出的要求形成和发展起来的。在这一教学思想作用下，英语教学的目的、内容和方法等各个方面都不同于传统英语教学和交际法英语教学。在多元化的时代，跨文化交际能力是跨文化人必备的素质，这必然对英语教学提出更高的要求。

一般来说，教学活动的开展、教学方法的实施、教学思想的贯彻、教学目标的实现都是通过教师的教和学生的学完成的。教师和学生对教学目的的理解、教学内容的把握、教材的使用、课堂的组织或参与等都直接影响教学的最终结果，因而对教师和学生进行研究和培训是教学活动顺利进行、教学目标成功实现的根本保证。在大学英语系中，教师主要进行语言和文学研究。为适应英语教学的发展，英语教师必须接受更严格的培训。跨文化英语教学是以学生为中心、以任务为中心、以学习为中心的教学方法，它使从前在以教师为中心、以教材为中心、以教学为中心的教学观念影响下，处于被动接受地位的学习者成为自己学习的主人。如何更好地发挥学习者的主体作用，帮助他们把握自己的学习进程是教育界必须关注的问题。

（一）跨文化英语教学对英语教师的要求

在英语教学实践中，与其他专业的教师相比，英语教师具有一定的特殊性。英语教师不仅要向学生传授英语的基础知识，而且还要向学生传授一些文化知识。换句话说，英语教师教的不仅是知识，还是一种社会现象，这也就要求英语教师不仅要有深厚的语言功底，还要有优秀的教学能力。除此之外，英语教师还要培养学生的语言交际能力，这也对教师提出了更高的要求，因此，教师不仅要了解目的语的文化，而且还要有深厚的中国语言文化修养，以及较强的跨文化意识和跨文化能力。只要教师拥有这些能力，那么对学生交际能力的培养就不会只是一句空话。

（二）对教师进行文化教学培训

1. 文化意识和文化教学意识培训

文化、文化差异和英语教学中的文化教学潜力都是客观存在的，但是，更重要的是，要让教师认识到它们的存在，也就是要增强教师的文化敏感性和文化教学意识。通过这样的敏感和自觉，教师的文化知识积累、文化能力和文化教学能力将会逐步提高。教师在参加培训时并不是对文化一无所知，相反，他们有丰富的文化体验，他们的文化参考框架经过长期、不断的建构和修改，已经成为他们个人身份和个性的象征。他们在日常工作和生活中，当在与他人，包括来自不同文化的人们进行交流时，都会自动、无意识地使用其文化参考框架。组织培训的目的是要让教师意识到文化参考框架的存在及其作用，知道不同的人们尤其是来自不同文化环境的人们通常使用不同的文化参考框架。为了达到这个目的，最有效的方法是利用文化冲击（culture shock）、关键事件（critical incident）和反思练习（reflective practice）等跨文化培训的方法。

2. 文化知识的培训

就文化概念和知识的学习而言，文化人类学提供了最为全面和科学的阐述，理应成为英语教师培训的一门必修课。文化人类学是一门历史悠久、理论基础雄厚的社会科学，无论是在文化理论研究上和具体文化的描述上，还是在文化研究的方法上，都已形成了较为完善的体系，是英语教师获取相关文化知识的可靠来源。当然，英语教师学习文化人类学不是为了成为人类学家，他们只需利用文化人类学的部分研究成果，以获取对文化相关概念更清楚的理解，取得对相关文化群体更全面、更深入的了解，同时借鉴其中的文化研究和探索的方法。对文化人类学研究成果的筛选和选用应该由来自不同领域的专家，如英语教学研究者、文化学家、跨文化交际研究者、教师培训专家等合作完成，综合各方的意见，选择教师需要掌握的理论和信息作为培训的内容。除了文化人类学可以成为教师文化知识培训的主要科目之外，社会学和跨文化交际学的研究成果同样是教师培训应该关注的内容。语言、文化、社会和交际之间复杂的关系，在这两门学科中得到了更清晰的描述。

3. 文化能力的培训

研究发现，文化能力是由教师跨文化交际能力和文化学习探索能力两部分组成的。教师只有具有这种文化的敏感性和意识，才能够对语言中所蕴含的各种文化现象作出准确、恰当的反应。与文化意识和文化知识训练相比，文化能力训练要复杂得多，难度也更大，因为这不仅仅与教师认知心理问题相联系，还与教师的感情和行为相联系。

在现实生活中，不同文化在相遇时会产生一定的冲突，因为对于跨文化交际能力的培训，我们也可以从文化冲突这个方面入手。研究发现，文化之间产生冲突的根本原因是价值观的不同。所以，人们在面对不同文化的时候会产生很强烈的生理反应和心理反应，而这种现象就是文化冲突。在学习第二语言的时候，有很多学生都遇到过这种文化冲突。进行语言训练就是要让受训者在接受训练时，通过承受心理和情绪的振荡，对于跨文化交际过程中的文化冲突，具有较强的感性理解。受训者可以借机解决跨文化教学的难点，从而很自然地解决掉这些难点和问题。

二、跨文化交际中教师教学能力的提升路径

（一）教师对专业发展规划过程的重构

规划自己的专业发展是教师自主发展意识和能力的表现，更是教师获得自主发展过程中的一个重要环节。在学校教育中，教师要提高自己的文化能力，就必须对自己进行有效的训练。研究表明：教师虽然对专业发展规划具有一定的认识，但由于没有很好地理解，所以，还不能把计划的制定落到实处。因此，要想真正提高教师的自我发展水平就必须先解决教师的自我规划问题。大学英语教学改革不断深入，教师专业化进程不断推进，面对新的教学观念，教师教学角色正在发生变化，在一定程度上让教师的专业发展计划的设计和执行变得更加复杂和困难。因此，教师必须从自身做起，通过自我反思和实践来提高专业水平和教育教学质量。首先，教师要重建专业知识体系来应对角色变换和观念变革所带来的重重压力。其次，教师要不断提高自我修养和综合素质，保证未来教育事业的持续稳定健康发展。最后，教师还要重新审视专业发展的现状，依据自己的能力和需求，决定未来的发展方向。

教师对于自己的发展计划常常是关注自己个体的成长，所以很容易受学校等

外部集体环境的影响，从而为落实发展规划增加了难度。由此可以看出，教师的个人成长是与学校的全面发展紧密相连的。因此，要使教师个体能够获得良好的专业成长，学校就必须从教师出发，制定适合每个教师个性需求的长远发展计划。学校与教育者要以教学改革要求为依据，以教师需求为导向，适时给予教师支持和指导，以尊重教师个性化发展为前提，从而帮助教师进行自我评价和规划自我调整。因此，学校要建立起一套完整、有效的促进教师发展规划制定的系统，通过建立教师发展中心或者类似的机构，将教师发展纳入学校总体发展计划之中，对教师进行再教育或者培训，从而最大限度地完成和实现教师的发展目标。

（二）加强自主性与社会化并重的教师专业学习

通过对当前教师的工作进行观察我们可以发现，很多教师因为教学任务和科研任务比较重，所以投入学习的时间和精力十分有限。在高校推行大学英语网络教学改革后，英语教师面对着全新的教材和教学环境，不但备课量增加，而且还要通过学习架构全新的教学理论和知识体系，从而把握新型教学模式。在这种情况下，教师如何有效地进行转型呢？这一切仅凭几次培训课程是很难实现的，因此教师要坚持学习，完成蜕变。在这种情况下，教师往往只注重对学科知识的理解和运用，而忽视了对学生能力的培养。研究发现许多教师都把自主学习当作独立学习。但是，独立学习的随意性较大，独立学习很容易受教学环境和其他外在因素影响，从而导致教师无法坚持经常性的专业学习。成人的学习特点以及教师职业特点，决定了教师在成长过程中需要进行自主学习。要想提高教育教学质量就必须重视对教师进行有效的自主学习能力的培养。马尔科姆·诺尔斯（Malcolm Knowles）的成人学习理论所倡导的自我导向学习就是一种自主学习的模式。这种学习强调"学习者自行诊断学习需要，确立个人目标，自主选择学习资源、学习策略和评价学习结果"[①]。这种学习模式消解了以往教师培训范式下教师在专业发展上的被动性，使教师获得理念上和行为上的解放，还原为享有自身专业发展话语权的独立个体。教师如果能够自觉、积极地利用各种教育资源进行自我导向型学习，就能够更好地构建个性化的知识和理论，提高自主学习和自我发展的效率。另外，学校也应尽量通过采用各种手段，如加大投资完善图书和网络等教学

---

① 鲁巧巧. 跨文化教育视域下的英语教学改革探究 [M]. 沈阳：辽宁大学出版社：2019.

资源的配置，为教师提供学习、进修机会等，以激发教师自主学习的动机。

同时，教师是一个社会化的群体，除了自我导向性学习之外，互助性学习也是教师学习的一个重要方式。国内学者的相关研究表明，通过建立以科研项目研究为基础的教师实践群体，教师可以通过教学中的互动和交流实现自我发展。但是，教师与同事之间进行交流和合作并不是经常性的，其主要通过教学研讨的方式进行，项目引领的团队合作这种形式所占比重并不大。为促进教师之间的互助性学习，各学校可以成立专业学习或研究团体，将教师之间自发的交流纳入有组织的教学研究活动之中。通过构造一种学习共享的氛围，教师与教师可以有更多的机会在专业上互相切磋、分享知识和经验，共同反思，共同提高，形成一种良性的竞争。同时，团体中的学习交流可以使教师经常得到心理和情感上的支持，减轻自主学习的孤立感，从而获得成长的持续动力。

（三）教师从技术型到反思型的转化

比较专业的英语教师的发展途径就是应用反思型实践模式。一般情况下，对于一位优秀的英语教师来说，其素质的高低能够受到其所具有的反思能力的强弱的直接影响。大部分开展英语教学的教师已经能够充分认识到，在开展语言教学的过程当中，反思能力能够发挥的重要作用。令人遗憾的是，如何在教学实践当中充分运用反思的结果，对于很多教师来说是一个难题。并且，值得注意的是，进行英语课程教学的教师不但拥有教学任务，还有着科研的任务，所以很难坚持进行反思。

对于部分教师来说，反思及反思型教师的存在是很难理解的。例如，一部分教师将反思这一行为想得过于简单，认为只要开展一些与教学相关的简单的思考工作，并加以记录就可以算是完成了反思。但是，反思这一行为的目的是引导教师主动且深入地对教学行为所隐含的教育观念和教学背景等因素进行思考，以便加深教师的认识和理解，使教师获得经验，以便更加方便地开展之后的教学工作。在反思中，教师不仅能够获得关于教学行为的全面认识，而且通过不断地调整和完善，可以适应教育发展的需求，从而促进自我成长。一名真正的反思型教师要有高度自觉性和主动性，其中，主动性来自豁达的心态、对学生负责的态度、对新知识孜孜以求的精神。在教学活动开展的过程当中，反思型教师会积极追寻新观念，渴望获取新的知识和教学方法，并且，会始终以一种怀疑的态度主动钻研课堂上存在的问题，并在这一过程当中持续考虑个人教学行为可能会给学生带来怎样的好处，进而评估自己教学是否合理。技术型教师在开展教学的过程当中更为重视专家和权威的观点，而并不具备足够的问题意识，只是死板且盲目地按照惯例开展教学工作。教师如果想获得良好的教学效果，就要完全摒弃自己曾经拥有的技术型教师的身份，转变为反思型教师，由此才能够摆脱不利因素的束缚，通过坚持对自己的教学行为进行深入的反思，进而确保自己的教学实践得到进一步发展。

第五节　英语教学中学生跨文化交际能力的培养

一、促进学生文化多元主义思想的发展

（一）培养学生积极看待异文化

我国英语专业的学生大多对英语文化只有粗浅的了解，也少有与来自英语国家文化的人交往的经验。因此，英语教师应当引导学生在跨文化交际发生之前和进行当中，先假设来自异文化的对方是善意的，是寻求与自己进行交流的。然后，假设异文化和中国文化在深层次上有很多共同点。这样积极地看待异文化及其成员的态度，也会影响跨文化交际的对方，促进双方的好感和信任感的建立，进而形成一种有益的跨文化交际场景，促进跨文化交际的良性循环。在这个过程中，即使出现文化差异或令人困惑的情况，双方也应遵从与人为善的原则共同找到解决办法。

要培养英语专业学生对英语文化的积极态度，首先假设英语文化为"善"和"好"的，这种思想符合对中国文化产生重要影响的儒家的"性本善"思想，如《三字经》就开宗明义地强调："人之初，性本善；性相近，习相远"。引申到跨文化交际中，我们可以理解为，不同文化中的成员的本性最初是善的，虽然不同文化的习俗和文化的表象存在差异，人们的本性是相通、相融的。有了这样积极的假设，交际双方即使在跨文化交际中遇到困惑、矛盾甚至冲突，也会有信心去面对、去解决。相反，如果在跨文化交际尚未进行之前，就假设来自异文化的他者是"性

本恶"的，处处存有疑心、设防、过分敏感、封闭自己甚至主动攻击对方，这样就会对自己的跨文化行为产生极其负面的影响，很容易形成"自我实现的预言"。

一般而言，如果一个人对自己的价值并没有充足的信心，甚至自我贬低乃至产生自卑的心理，就会导致自己很难以正常的眼光看待异文化。因为，如果一个人连对自己都认识不足，那么就不太可能理解与自己存在差异的他人，也就不能主动、自如地去了解他人的思维方式和规范。

通常来说，在民族中心主义观念中，文化自卑感可以称得上是一种极端现象，而且这种自卑心理会在很大程度上对文化多元主义的形成产生负面影响。在全球化背景下，文化认同问题显得更加重要。如果我们不能够充分认识自己的价值，就很难以一个正常且平等的态度面对异文化。学生如果能够充分认识自己的价值，就能够更加轻松地面对异文化的人。相反，如果学生过于自卑，则会在跨文化交际中持有被动态度或反应过度敏感。

跨文化能力不是独立于人的个性之外的一种附加能力，而是个性的有机组成部分。所以，要培养英语专业学生的跨文化能力，就需要积极引导学生实现个性化的发展，充分认识自身价值并加以实现，由此才能够更好地与异文化的人进行交流。教师在开展英语教学的过程当中，需要积极维护学生的个性，培养他们形成独立人格，培养他们不断发展和实现自我价值。

高等教育应注重人文性和教育性，应将人才培养置于"素质教育"框架之中，使大学生作为一个人的整体素质和个性发展方面得到提高。

（二）鼓励学生探索母语文化与目的语文化

兴趣是最好的教师，如果能够充分激发学生对于异文化的兴趣，就可以更好地培养学生掌握跨文化移情能力。所以说，如果想要成功培养学生获得并提升跨文化交际能力，就需要激发他们对于新事物的好奇心和勇于探索的精神。教师应当让学生领悟到，学习就是对安全感的放弃，不能以狭隘的眼光看待新的变化，需要积极开阔自己的眼界，进一步实现个性化发展。

探新求异在我国的教育过程中一直受到忽视，一些大学生怯于探索新事物，这也是多年应试教育所产生的后果。要培养英语专业学生的跨文化能力，重点就是要培养学生对母语文化和异文化的兴趣，如孔子在《论语》中言："知之者不如好之者，好之者不如乐之者"。所以，应当鼓励学生始终保持对异文化的好奇心，以及了解不同文化的相同之处和差异性，促使他们愿意与异文化成员交往，并共享知识和信息。

在教学过程中，教师应当积极引导学生了解足够多的外国与我国存在的文化上的差异，以确保学生能够正确认识跨文化交际。与此同时，教师还应当要求学生在学习的过程当中寻找国外文化与我国文化存在的相似之处，如很多我们已知的价值观是相同的，只不过在重要程度上存在一定的差别，而且，在表现形式上也有所不同。

在高校英语专业教学过程中，如果想要进一步提升英语文化在学生中的认可度，就需要积极利用各种媒体以各种有趣的方式实现英语文化的播报展示，由此就能够在一定程度上有效提升学生学习英语文化的积极性和主动性，使其跨文化能力有效增强。

（三）培养学生多视角看待问题的能力

在跨文化交际的过程当中，之所以会出现各种误会，主要是因为交际双方都是基于母文化的视角开展交流活动的，不同的母文化在思维方式、价值观念等方面可能存在着极为明显的差异。所以，在对学生进行跨文化交际能力培养的过程当中，教师需要积极引导学生能够明晰不同的文化之间存在的种种差异问题。

对于学生来说，要想真正理解他人就需要充分实现自我理解。而要想实现这一目标，就需要确保学生能够以一种批判性的眼光看待自己所拥有的思维方式和价值观等，使学生认识到每一个人都是受到生活中的文化的影响的。如张红玲所强调的，学习者对潜移默化形成的价值观和参考框架进行反思和质疑，这种自我反思能减少或消除民族中心主义思想[①]。因此，教师有必要引导学生分析文化对自我的影响，培养文化省思能力，如分析自己在何种程度上受家庭、所属集体、教育、社会、价值观、宗教和传统等的影响。通过自我分析，学生要认识到民族中心主义思想的存在，并在一定程度上加以克服，从而不以母语文化的"有色眼镜"看待另一种文化。

此外，教师可以帮助学生对其习惯的思维方式和价值观念等进行批判性考察。在全球化背景下，文化认同显得更加重要。此种考察宜以参考为前提，从而帮助

---

① 张红玲. 跨文化外语教学 [M]. 上海：上海外语教育出版社，2007.

学生对比不同地区和不同文化印记。教师要鼓励学生积极参加各种活动，并对他们的表现给予肯定。与其他学生进行沟通，能够有效促进学生移情能力的提升，培养学生掌握多视角观察问题的能力等，使得学生能够战胜自己的民族中心主义思想。

对于大部分人来说，其是否拥有民族中心主义的思想在一个自己熟悉的环境当中是不能够被明晰的，只有当其进入陌生的环境当中，开始接触新鲜事物，才能够在一定程度上加以了解。中国疆域辽阔，民族众多，学生可以合理安排时间到各个民族当中去了解他们的文化、习俗等，体会不同的生活。例如，城市与乡村的学生可以到对方的家庭生活一段时间。学生可以将自己的体验记录下来，互相分享。

值得注意的是，如果学生直接与英语国家的人进行跨文化交际，就能够更好地克服民族中心主义的思想，可以通过更多的视角对某一问题进行研究。在跨文化交际之下，学生能够了解更多不同的生活方式、文化习俗和价值观念等，进而进行自省，从而能够通过更多的视角并以一种宽容的心态对问题进行研究。

学生还需要进一步了解世界上的各个国家是怎样看待中国文化的，进一步破除民族中心主义思想的不利影响，更好地实现文化多元主义思想的产生和提高。

通过学习外语，学生能够更好地掌握不同的文化，进而有效更新并拓展自己对于世界的看法。在对目的语文化，特别是该文化所使用的言语表达的理解方面，应当培养学生不以中国文化审视目的语文化成员。应该使学生学会在跨文化交际的同时，跳出母语文化的思维定式，从更新、更高的角度，甚至更多维度理解异文化。这种方式不会使人丧失对母语文化的认同感，反而会使人加深和改善对母文化、对他人和对外界的认识。

在培养英语专业学生跨文化能力的过程中，教师要培养他们从新的视角，即从超越母语文化和异文化的跨文化视角审视英语文化。有学者所指出的，在对他我文化进行了解和认识的时候，不可以局限于本我文化的视角，而应当通过一种介于本我文化与他我文化之间的全新认知视角，即第三只眼睛考察本我文化与他我文化的关系。值得注意的是，第三只眼睛是介于母文化和异文化之间的、独立的第三认知点。

英语专业学生以英语为主要学习对象，教师应当引导学生扩大跨文化视野，从了解和理解中国文化和英语文化，到对更多的文化有所了解和研究，以形成国际化的视野，具备对多元文化的敏感性，提高跨文化实践能力。

由此，我们就能够更好地培养学生掌握文化多元主义思想，并且，通过不断学习，不断对异文化加以深入了解，从而丰富学生的经验储备，使得学生的跨文化交际能力得到有效提升。

（四）培养学生的文化敏察力和跨文化移情能力

一个具有较强文化敏察力（又称文化敏感性）的人，对跨文化交际过程中的文化异同、轻重缓急、敏感地带等十分敏感。跨文化能力培养的一个重要方面就是培养学生的跨文化敏察力，促使学生能够更加深入地了解异文化中存在的思维方式和价值观念等，加强自己对于异文化基本特征的感性和理性分析能力。培养学生的文化敏察力，就是要培养他们对文化表层的现象有敏锐的感知和觉察，同时培养他们探究和分析文化表层现象背后的文化深层原因和本质的能力。

文化敏察力不是与生俱来的，而是需要通过学习形成的。文化敏察力的培养需要由表及里、由浅入深、循序渐进地进行。在英语专业学生跨文化能力发展的初期，可以训练他们对处于文化表层的母语文化和异文化基本特征进行观察和描述，训练他们发现常人不易发现的事物和现象。在此基础上，可以引导他们对所感知到的事物和现象进行文化比较和文化深层次原因分析，同时学习多视角看待和分析问题，尤其学习从异文化成员的视角来感知、判断和分析事物和问题，提高学生的跨文化移情能力。

跨文化移情能力是指尽量站在来自另一文化的他者的立场去思考、去体验、去进行跨文化交际，即"己所不欲，勿施于人"，是"己欲立而立人，己欲达而达人"。培养跨文化移情能力，就是要跨越和超越母语文化的局限，使学习者处于异文化成员的位置，及其思维方式，设身处地感悟其境遇，理解其思维和感情，从而达到了移情或同感的境界。

跨文化移情能力包括站在对方的角度来理解对方交际的意图。这种移情能力建立在对交际伙伴的文化有深入和多方面的了解和理解的基础之上。因此，要培养学生跨文化移情能力，必须加强其对异文化的学习。

培养英语专业学生的跨文化移情能力，还包括帮助他们认识到来自英语文化的成员可能感知到自己不曾感知到的东西，以及看到他们对所感知到的东西可能有与自己不同的诠释。

二、促进学生对母语文化和目的语文化的认知

（一）加深对中国文化的理解

对母语文化的全面和深刻的认识能够更好地帮助学生了解目的语文化。英语专业的学生要想在跨文化交际当中获得一定的优势和成就，就需要确保自己对中国文化有着较深的理解。很多国外的公司要想在中国的市场发展，就需要寻找能够掌握中国文化精髓并能够提出符合中国国情的方案的员工，通过这些员工发挥的连接作用，进一步实现在中国发展的目标。所以，英语专业的学生需要足够熟练地掌握中国文化的精髓，并需要拥有足够的能力向目的语文化的人介绍中国文化。在这一过程当中，英语专业的学生只有真正了解中国文化，才能够对中国文化有一个客观的认识，进而明晰一点——中国文化的思维方式和行为方式等并不能够通行于世界，由此就可以在一定程度上有效增强学生对于异文化的敏察力和宽容度，进而增强学生的跨文化能力。

若要有效提升英语专业学生的跨文化能力，就需要确保学生的跨文化语言交际能力得到提升。并且，学生还需要充分了解并掌握英语国家文化。但这绝不意味着要他们把中国文化的根拔出来，离开母文化的土壤，完全"跨"在目的语国的文化土壤上重新生长，要在两种文化之间架起桥梁的作用。正如民族中心主义有碍于跨文化能力的培养一样，对母文化的无知，甚至对自己文化认同感的放弃同样会妨碍跨文化交际的进行。雷买利指出："缺失了母语文化，跨文化将无从谈起。只有对母语文化充满自豪和自信，才有可能在跨文化交际中处于平等地位。否则，只能沦为异文化的附庸和奴仆[①]"。

老子在《道德经》中有言："知人者智，自知者明"。对母语文化的历史渊源，以及本民族典型的价值观、思维观和行为方式等有深刻的认识和反思，有助于我

[①] 雷买利. 论母文化在跨文化交际与教学中的地位 [J]. 四川外语学院学报，2006（03）：134-136.

们了解自己的文化烙印，增强人们的跨文化敏察力，提高人们在中外文化之间进行跨文化沟通的能力。德国跨文化交际研究学者托马斯借用孙子"知己知彼，百战不殆"的思想，说明了解母语文化是培养跨文化能力的第一步。只有意识到个人固有的价值标准是由自己的历史经验形成的结果，个体才更容易认识到自我认同中所形成的自认为理所当然的文化价值观，并通过对母语文化和异文化价值标准的比较，认识到母语文化标准的文化中心主义特征，从而移情于异文化的价值标准。一个人要了解中国文化，就必须了解中国的文化传统、价值体系，以及影响中国文化的因素等。同时，在跨文化交际中，中国文化所遵循的一些价值观和处事方式可以为跨文化交际提供许多积极的参考，从而为跨文化交际研究提供新的视角。

如前所述，英语专业学生应当加强对中国历史文化的了解。学校应开设一些中国国学方面的选修课。通过对中国文化的学习，学生能够增强自己的母文化价值感和民族自尊心，提高文化素质和学养，增强弘扬中国传统文化的意识和主动性。理解和认同母语文化，可以帮助学生理解和尊重异文化，进一步拓展自己的跨文化心理空间，对文化的多元性展现出一种大度，形成兼容并蓄的跨文化人格；同时，也可以使学生在跨文化交际中成为有价值的、受欢迎的交际伙伴，异文化成员在与中国学生交流过程中，大多希望对中国文化有更广泛和深入的了解。

需要指出的是，了解中国文化不仅包括了解中国传统文化的精髓和中国的主流文化，同时还包括了解中国丰富多彩的亚文化。很多在国际企业工作的中国员工所面对的服务对象大多是中国人，他们因属于不同的亚文化而不同。了解中国文化的多层次性可以帮助学生成功地进行跨文化交际，成为中国文化和异文化沟通的桥梁。

大学生应了解中国文化，将中国文化的精髓贯穿跨文化交际的整个过程。强化学生的人文精神和价值观，提高他们的人文素质，培养他们在中外文化之间的沟通能力，可以极大促进他们跨文化能力的提高，同时也为促进真正意义上的跨文化对话作出贡献。

（二）学习目的语的文化

一种文化包含的内容多种多样，其中，语言就是一项较为重要的内容。大学生若要掌握跨文化交际的能力，不仅仅要具有掌握目的语的能力，还需要进一步了解目的语的文化背景。教师在开展英语教学的过程当中，为确保学生能够更好地对目的语加以掌握，需要引导学生了解并明晰目的语文化，使得与目的语相关的历史、政治、经济等因素都能够充分融入目的语教学当中，进而开阔学生视野。教师还需要引导学生正确认识目的语文化，消解学生对于异文化的偏见。最终，目的语国家文化应在历时性和共时性的双重意义上同时纳入外语教学中。

在此基础上，教师还要培养学生具备掌握目的语文化的能力，即先宏观地了解目的语的文化，再从中观（如地域文化、某一领域的特征、各时代人的不同特征）和微观（如异文化成员的个性特征）的层面观察、分析和理解目的语的文化，最后达到在宏观、中观和微观三个层面整体了解和理解目的语文化。

当然，以上所描述的全面了解和理解某一目的语文化是一个循序渐进的过程，对于跨文化经验尚不丰富的大学生来说，对某一国家的文化了解可能会比较肤浅和笼统，或是对一些现象充满矛盾和困惑，这些现象可能都是跨文化学习过程中出现的正常现象，教师应当帮助和引导学生处理这些问题。了解某一目的语文化的过程就是先培养对这一文化的兴趣和好奇心，通过不断学习、观察和思考，增强观察力、判断力，尤其是增强多视角、多层次认知异文化的能力，并不断提升全方位了解和理解异文化的能力。

使英语专业的学生明白英语文化与中国文化存在差异这一点自然是重要的，但同时，高校英语教师还要引导学生找到两种文化在深层次上的共同点，在了解"习相远"的同时，也要把握那些"性相近"的文化共同价值。如前文所述，在"求同"的基础上，"存异"对于培养跨文化能力至关重要。

学生还可以通过阅读和讨论的方式，了解其他文化成员对英语文化的看法和评价，从而更加全面、深入地理解英语文化。此外，我们应当看到，文化知识浩如烟海，教师绝不可能将英语国家的文化知识全部传授给学生，而且也没有必要，重要的是讲授态度、观念、策略和方法。

（三）学习跨文化交际理论

要培养英语专业学生的跨文化能力，在帮助他们深入全面地认识和理解中国文化和英语文化的同时，教师还应当向他们传授有关文化学和跨文化交际学的理论知识、研究方法和重要研究成果，包括文化的特征、文化的发展规律、跨文化交际的特点和规律，以及描写和分析文化的方法、工具、模型等。学生应当学会了解和批判性地分析目前比较有代表性的文化和跨文化交际理论和模式，如霍尔的跨文化分析模式、霍夫斯泰德的文化维度理论、琼潘纳斯和特纳的文化维度理论等。事实上，越来越多的高校都开设了"跨文化交际"课程，这里需要强调的是，不要照搬西方的理论，而应当在吸纳这些理论的同时，构建中国自己的跨文化交际理论体系。

英语教师在跨文化交际的课堂上需要引导学生基于相关理论，利用各种文化分析的方式，进一步比较英语国家的文化与中国文化之间的区别。比较的过程会涉及思维方式、价值观念、行为方式和时间观念等。教师需要引导学生根据不同的主体对英语文化与中国文化进行比较分析，找出异同，还需要引导学生收集显示文化异同的数据和案例（在收集过程中学生也能锻炼其文化敏察力和批判性思维），并尝试去探究导致差异出现的深层次文化原因（可指导学生提出假设，再在理论研究的指导下，通过科学的方法作出结论。这一过程中，培养学生分析和解决问题的能力），之后建议以研讨会的形式将结果进行演示和报告。

以上所描述的文化比较应当看成是学生跨文化学习过程的一个重要环节。在文化比较的某个专题研究结束后，教师要帮助学生对其跨文化学习进行总结（包括理论和方法总结），可建议学生准备一个专门的文化比较文件夹，以影响跨文化交际的不同基本因素为主题，不断丰富相关的资料。这种文化比较一般是指主流文化的比较，因为把握了一个民族总的思维方式和价值取向，便容易理解和解释许多其他层次的文化现象了。

高校也可开设比较中外文化的课程，将中国优秀传统文化与世界上影响较大的主流文化进行对比研究，促进学生跨文化能力的提高。值得注意的是，对于不同国家之间进行文化的比较分析之后的结果并不具有决定性。在实际的跨文化交际过程当中，学生可能会遇到各种现实问题，这时候就需要根据实际情况加以应对。所以，在教学过程中，教师可以要求学生利用跨文化交际理论知识开展实践活动。例如，教师能够指导学生分析跨文化交际中的一些事例，对相关交际情境进行中外两大文化视角下的解读，并对交际参与者在思维与行为方式等方面进行分析，对各交际层面或是对直接影响交际部分的因素加以探讨。

在不同文化的比较中，人们往往会强调文化的差异。在这里需要特别注意的是，教师应当引导学生发现异文化与中国文化在深层次上的"共同点"。从学习心理学的角度，找到这些共同点很有意义，因为很多大学生缺乏跨文化交际经历，如果过于强调异文化与中国文化的差异，大学生们就可能会在与异文化成员进行交际之前就产生了畏惧感；相反，如果找到了文化之间的共同点，就会使跨文化交际活动更容易开展起来。

当然，这种对比不可能包罗万象，重要的是对学生在方法学方面的培养。教师可以启发学生通过对一些文化主题的探讨，加强文化敏察力、自我认识以及对异文化中人的认识，并提高学生的认知能力、超越其文化的局限。

上述的文化分析和跨文化比较并不一定要求学生达到很高的科研水平，重要的是培养学生在分析和比较的过程中的跨文化敏察力，培养其对跨文化交际研究方法的应用。最后需要强调的是，对母语文化和对目的语国家文化的认识和理解不是相互无关的，而是应当紧密相连，始终融合，相互促进。

（四）对中外文化进行融通

在欧美的很多语言中，"交际"一词都来源于拉丁语，其原意有"共同分享""互相沟通""共同参与"的意思。这也意味着，交际是交际伙伴相互沟通、分享信息的过程。所以，如果在跨文化交际中，交际双方不会用外语来表达和传播母语文化，那么跨文化交际就成了单向的文化流动，就不能成为真正意义上的"跨文化交际"。交际的双方只有互通有无，才能使交际顺利进行。在克拉姆契看来，外语教学应当是学习者与目的语母语者之间的平等对话。通过对话，学习者可以发现在说话和思维方式上自己与目的语者的相同点和差异。在这种情况下，外语学习者才能以自己本来的身份，不是以有着这样或那样缺陷的目的语使用者的身份来使用所学的外语。

对于英语专业学生来说，跨文化交际能力的重要表现是能在中国文化与英语文化之间起到桥梁的作用，学会用英语表达自己的观点，包括向英语文化成员传播中国文化。在交际的过程中，交际双方要充分达到"共同分享""相互沟通"，要达到这一目的的重要前提是深入、全面了解和理解中国文化和英语文化。

有学者将具有扬弃贯通能力、学贯中西作为具有跨文化能力的标志之一，而

"贯"即连接、贯通。因此，可以说具有跨文化能力的一个较高的境界就是融通中外文化，是能够在吸收异文化精华的基础上弘扬中国文化，能把中外文化融入自己的人格的养成中；在跨文化交际合作中，知己知彼，具有深且广的文化素养和博大的胸襟。因此，在英语教学中，教师不但应当重视用英语来叙述英语国家的文化、社会、政治和经济现象，同时也要培养学生用英语向英语国家成员阐述中国文化渊源、价值观、思维方式、行为方式和社会现象等的能力，从而提高学生的跨文化交际能力。英语专业的学生应当被培养成文化使者，他们应在吸收异文化精髓的同时弘扬中国文化。在跨文化交际与合作中，英语专业的学生应该运用自己的跨文化能力，既让中国了解世界，又让世界了解中国。

三、培养学生的跨文化行为能力

推动跨文化行为能力成长的关键能力和个性特征包含以下几点：适应能力、跨文化交际能力、求同存异能力、文化协同能力等。在大学英语教学中，教师要通过多种途径提高大学生的跨文化行为能力。

（一）培养跨文化交际能力

要培养学生的跨文化能力，英语能力至关重要。毋庸置疑，对于大学英语教学来说，培养学生的英语能力和跨文化交际能力是其重要任务。学生学习英语的最终目的是利用英语进行跨文化交际。在英语教学中，教师应当不再以培养学生成为 native speaker（母语使用者）为目标，而是以培养他们成为具有双重文化人格的 intercultural speaker（跨文化演讲者）为目标。而跨文化交际者有着那些仅掌握一门语言的"母语者"所没有的优势，即他们掌握母语文化，并具有在中英文化之间进行跨文化交际和传播的能力。

对于英语专业的学生来说，学习英语并不是最终目的，重要的是利用英语进行跨文化交际。中国学生在学习英语时，往往非常重视词汇和语法，会因为害怕犯错误而不敢交际，这样的做法无异于舍本逐末。

在以跨文化交际能力为目标的培养方针指导下，英语在人们的眼中是作为交际的工具而存在的。教师在开展英语教学的过程当中，需要使用各种教学形式和方法有效促进学生对于英语文化的理解，还需要有效提升自己对于中国文化的传播能力，使得学生能够在将中国文化与目的语文化进行对比之后加深了解，进而有效提升自己的跨文化交际能力，其中，还包括发展学生用英语与英语国家成员建立并保持信任关系的能力，以及通过交流来解决问题、化解矛盾的能力等。

在前文所叙述的交际的四个层面中，言语交际在跨文化交际中起着核心的作用。跨文化交际也是人际交往，对人的了解与研究至关重要。不同文化之间的交流大多由个人来承担，这就要求个人要有很强的交际能力，以及广博的中英语言、文化知识和积极的交往态度，即使在复杂的跨文化交际场合中，也能随机应变、因势利导、掌握主动。

英语教学应当向学生传授跨文化交际策略，如：

①吸引对方与自己交际，寻找共同话题。

②营造宽松的交流氛围，善于言语交际，还善于积极地倾听和交际。

③善于观察和分析交际中对方的背景、交际目的、思维方式和行为方式等，并在此基础上调整自己的行为。

④保持跨文化敏察力，善于捕捉信息传递中的偏差和有可能出现的误解。

值得注意的是，教师在教学的过程当中，不但要进一步增强学生的言语表达能力，还需要引导学生熟练掌握交际当中的非语言因素与言语外因素。

跨文化合作的关键往往就在于跨文化交际是否恰当和畅通。在这一背景下，应强调"就交际本身进行沟通"的能力（Meta-communication，即"元交际"能力）的重要性。就交际本身进行沟通的能力是指对交际本身进行交际的能力，即将交际的形式、内容等作为谈话的内容。可以与来自目的语文化的成员就以下与交际本身相关的问题进行沟通：

①"我不知道我这么说是否贴切。"

②"希望我刚才说的没有冒犯到您。"

③"我刚才表达得不够确切，请让我换个方式再说一次。"

④"您刚才所讲的意思是否是……"

就交际本身进行沟通的能力也包括与交际对方事先约定交际规则，如约定将每次会谈的主要内容用文字的形式记录下来，在讨论过程中就事不就人，在对方未说完之前不要打断他等。通过对交际进行沟通，可以提高交际的效率，避免误解的产生，保障交际的成效。教师应鼓励学生有意识地将英语作为工具，将交际本身作为交际的内容，主动避免跨文化交际过程中有可能出现的误解、障碍甚至冲突，有意识地疏通跨文化交际的渠道，提高交际的效用，促进和改善跨文化交际。

在培养英语专业学生的跨文化交际能力以及就交际本身进行沟通的能力的过程中，教师应当在英语教学的课堂上设计不同的交际场景，以提高学生的跨文化交际能力。英语教学应当将以教师为中心、以知识传授为中心的教学形式发展为以学生为中心、以交际为中心的教学互动形式。

（二）求同存异能力

一般而言，尽管不同的文化之间存在着十分明显的差别，但是，不同的文化在一定程度上也有着很多相同之处，所以，交际双方如果想要获得跨文化合作的成功，就需要明晰不同文化之间存在的共同点，并基于此，寻找不同文化之间合作的契机和有效策略。求同的策略也是全球化发展的需要。人类面对着很多共同的问题，需要在"同"的基础上共同解决问题。在跨文化交际与合作过程中"求同"符合中国文化中的"世界大同"的价值观，是创建和谐的跨文化关系的重要途径。

我们知道，在跨文化交际与合作过程中，交际双方会遇到比在单一文化中要复杂得多的问题。尤其在跨文化交际的双方对彼此还缺乏了解和信任的情况下，"求同存异"可以帮助交际双方克服陌生感，克服对陌生文化的生疏甚至恐惧，寻找自己所熟悉的东西，增强与来自异文化的交际对象进一步交流的勇气，增强对跨文化交际与合作的信心，将跨文化合作进行下去。在"求同"的基础之上，交际双方即使看到文化差异的存在，也不会气馁，不会踟蹰不前。"求同存异"可以使人们的跨文化行为由被动变为主动，是处理纷繁复杂的跨文化交际问题、解决各种矛盾卓有成效的策略。

培养学生求同存异的能力还包括引导学生认识到，文化差异并不一定会自动导致文化冲突。贾文键指出，不能将跨文化交际过程中出现的所有问题都归咎于文化差异，要看到文化之间的共同点和相似点，以便找到跨文化沟通的基础[①]。需要指出的是，尽管需要格外重视追求不同文化之间的共同点，但是也需要明确不

① 贾文键. 跨文化经济交流刍议——以中德交流中的误解与冲突为例 [J]. 商场现代化，2008（32）：138-140.

同文化之间有着很多差异性的存在，绝对不可以为了寻求与异文化的一致而抛弃母语文化。不同的文化之间既有"性相近"，又有"习相远"，是同一事物的不同方面，构成了整体。"异"与"同"之间是相互关联的，求同存异是对"非此即彼"的二元论的批判，应承认"同"和"异"都存在，并且同中有异、异中有同。

（三）跨文化协同能力

在英语专业学生跨文化能力培养过程中，教师要引导学生观察和发现异文化和中国文化的差异，产生这些差异的原因以及处理这些差异的策略、方法和途径。

跨文化交际研究的一个重要原则是认为不同的文化是平等的。在坚持这一原则的同时，我们也应当看到，地位和角色的不同也会影响跨文化交际。

很多专家学者在对跨文化交际与合作进行深入研究之后发现，不同的文化之间存在的各种差异能够在一定程度上产生积极的影响，不同的文化之间在进行交流和合作之后，能够有效促进各方的融合和进步，进而使得文化的生命力得到增强。通过了解不同文化之间的差异并加以吸收借鉴，母语文化能够不断实现进步。因此，文化之间的差异并不可怕。事实上，中国文化的发展过程本身也是求同存异的结果，是母语文化与异文化进行结合的重要表现。所以，英语专业的学生应当努力将中国文化与目的语文化中存在的差异因素进行充分结合，进而获得文化协同的效果。

学生不仅要学习如何尽量减少与英语国家成员在跨文化交际中的误会，避免冲突，还应变被动为主动，积极寻找不同文化之间的共同点，以此作为跨文化合作的重要基础，同时尊重各种文化的独特性和多样性，尊重不同的价值观、思维观和行为方式，积极、自如地处理文化差异，并利用这些文化差异，寻求跨文化协同效应。在跨文化交际中，不需要追求以文化之间的"同"压倒"异"，"求同"和"存异"可以协调存在。

四、培养学生跨文化自主学习能力

跨文化能力不可能仅通过课堂教学或是几次实践活动就获得，而是需要在终身学习的过程中不断培养和发展。在这个过程中，学习者乐于学习的态度和善于学习的能力起着核心的作用。英语专业学生的跨文化学习应当更加注重跨文化知识的学习方法，积极应对跨文化交际中出现的各种问题的策略和方式，从而提高跨文化自主学习的能力。

有学者认为，自主学习能力包括行为（学习者参与管理自己的学习，对学习进行规划、监督和评价）、心理（学习者对自己的学习有较强的意识，善于反思）、情感层面（学习者对学习充满好奇心和自信，具有较强的学习动力）、方法（学习者掌握了多种适合自己的学习方法，并能根据需要灵活应用，同时愿意探索新方法）和应用（学习者有能力将所学知识和技能加以应用）五个层面，教师应当将这五个层面作为外语教学的重点之一。

心理层面的自主学习能力也可以被看作是乐于学习的态度，这种态度受学习动机影响。英语专业跨文化学习的内部动机包括：对目的语文化的向往，对目的语文化成员价值观、生活方式等的浓厚兴趣；希望学习一些新奇的、与众不同的东西；希望系统地、科学地研究目的语文化与母文化的异同；希望通过对目的语和目的语文化的学习拓宽自己的视野，更好地促进自我实现等。英语专业跨文化学习的外部动因包括：提高自己的职场竞争力；希望到跨国企业工作；希望更好地与目的语文化成员相处，与其进行有效、成功的跨文化交际与合作等。在对英语专业学生的跨文化教育与教学中，教师应当激发学生主动发现和意识到跨文化学习动机，并增强和丰富这些动机。

在跨文化能力培养过程中，学生乐于学习的态度和善于学习的能力包括：能自主地对跨文化学习作出系统的计划，且有步骤地实施计划，并对学习的过程和结果进行检验；寻找出适合自己的学习策略和方法。具体可以包括下列内容：

①定期对自己的跨文化能力发展进行自我评估，并请他人对自己的跨文化能力进行评估。

②针对上述跨文化能力评估结果，作出进一步提高跨文化能力的计划并实施。

③具有为自己寻找和营造跨文化交际场景的能力。

④具有关系构建和维护能力，能在自己的学习、生活和工作中寻找合适的跨文化交际伙伴，并与之建立长期的友好关系，以便在实践中不断地进行跨文化学习。

⑤能对各种跨文化交际策略进行尝试和总结分析，探索出适合自己，同时又适合各种交际伙伴和交际场景的策略。

　　跨文化自主学习能力也包括媒体应用能力。多媒体和互联网的发展为跨文化学习能力的培养带来很多新机遇和可能性，传统的英语教学方式受到了挑战，学生课外自主学习与课堂教学的时间比将大大提高。在这样的背景下，学生根据自己的计划和设计来自主学习就显得尤为重要。

　　培养跨文化自主学习能力还包括学生对学习的材料、内容进行收集和总结，如英语格言和谚语的收集就能很好地促进英语专业学生的跨文化学习乐趣。同时在这种收集的过程中，学生可以培养自己对英语和跨文化学习的管理能力和自主学习能力。格言和谚语是文化的积淀和生动反映，每一种文化、每一个民族都有属于自己的格言和谚语，它们生动地"描述"和传达文化深层次的价值观、思维方式、社会关系、时间观和空间观等。通过学习和分析格言和谚语，学习者可以更深入地了解和理解目的语文化。同时，格言和谚语的语言往往精练、优美，可以提高学生对目的语学习的兴趣，对格言和谚语的灵活应用还可以提高学生的英语表达能力，从而提高学生的跨文化交际能力。

第五章　跨文化交际下英语教学的发展趋势

高校英语教学应该紧跟时代发展进行变革和发展。本章主要研究跨文化交际下的英语教学发展趋势，从两方面展开研究，分别是：跨文化交际下英语教学的个性化发展、跨文化交际下英语教学的模式研究。

第一节　跨文化交际下英语教学的个性化发展

在当前阶段，跨文化交际背景下英语教学的个性发展能够更好地培养学生的学习能力，从而帮助学生养成自主学习的习惯。制定教学模式时，要从学生的实际情况出发，这样才能够形成更好的教学模式。这里所说的自主学习，是指一种控制自己和管理自己的能力。这个概念比较复杂，包括了多个不同的层次，在不同的社会环境和文化环境中呈现出不同的形式。

一、培养自主学习能力的意义

在跨文化交际不断发展及知识和信息快速更新的背景下，高校愈发重视对学生自主学习能力的培养，这也是与经济和教育全球化紧密结合在一起的。面对这样的形势，培养学生的跨文化交际能力、独立学习能力和终身学习的思想成为教育的首要任务之一。英语教学作为跨文化交际能力培养的重要阵地，理所当然应该承担起这一重任。英语教学培养学生自主学习能力的意义体现在以下四个方面：

①包括英语类教学在内的任何一种教学，都不能够也没有必要涵盖学生需要的知识和能力。在培养学生跨文化交际能力过程中，更是如此。在存在一定局限性的学校学习过程中，学生不可能接触到所有的交际情景，所以学生能够掌握的文化知识是有限的。面对这一问题，最有效的解决方式是学生和教师共同努力，让学生掌握学习的方法和学习的内容，从而使学生更好地开展学习活动，在

了解跨文化交际规律和掌握跨文化交际技巧的基础上，为独立学习和实践奠定基础。

②作为教学活动最为重要的主体，学生有权利选择学习内容和学习方式。在之前的英语教学体系中，学生非常依赖于教师的口头传授和教材的理论知识，教师怎么教，学生就怎么学；教材里有哪些内容，学生就学哪些内容，这种比较被动的局面是不利于学生个人发展的，也不能满足学生学习的需要，更不能为学生的终身发展做准备。巴尔内斯（Barnes）以"学校知识"（school knowledge）和"行动知识"（action knowledge）为基础，对"学校知识"进行了论述和说明，认为"学校知识"是一种非语境化的、抽象的知识，这种知识不是学生自己能够学会的。"行动知识"不是教师在课堂上教给学生的，而是学生自己在生活中获取的，学生在构建世界观的过程中会参考自己的具体经历，所以"行动知识"会比较轻松地被学生接纳，并成为学习主体的一部分内容，成为学生生活方式的重要基础。巴尔内斯提出了这样一种观点：教学与其说是教学，不如说是一个交际行为。学生独立、主动、自主、积极地学习还能够加深对知识的掌握程度。

③从教学的角度上看，学生应参与自己的学习目标的制定，还应掌握自己的学习进度，从而更好地评价学习成效。学生在明确的目标指导下，会对教学要求、活动、内容、目的有更好的理解，从而能够提升实际的学习效果。如果学生能够更加理解学习内容，就会感到踏实和安全，不会因为自己没有掌握好相关的知识而感到不安。另外，自主性的学习还能够提升学生的学习效果，使学习成为学生真正感兴趣的事情，而不是在家长和教师的监督下，不得已进行的内容。

④从实际情况出发，教师不可能一天二十四小时都在学生的身边。学生要有独立学习的能力，即使没有教师和家长的帮助，也要能够及时开展学习。

不管是从国际形势的需求来看，还是从英语教学的实际情况来看，对学生进行自主能力的培养都是势在必行的。国内的英语教学研究者应该考虑传统文化的局限性和师资存在不足的问题，从而提升学生学习的能力和意识，满足学生对学习知识的要求。

二、自主学习中教师和学生的角色

自主学习需要对学习和教学本质进行修改。学习不再是简单地听讲、记笔记、做作业、复习、预习和考试等，教学也不再是单纯的传道、授业和解惑。学生在学习中的被动地位得以改变，以学生为中心、以学习为中心、以任务为中心的教学思想取代了以教师为中心、以教学为中心、以教材为中心的教学思想。那么，这种转变是否意味着教师的教学变得轻松，而学生对于学习压力不堪重负呢？对这个问题的最好回答就是分析教师和学生在这种教学模式下的作用及他们之间的关系。

（一）教师的角色

自主学习要求学生除了参与确定学习目标、学习内容、学习进度、学习方法和学习评价之外，还要对自己作为一个学习者的感受和经历进行反思和理解，关注学习过程，摸索学习方法。对学生所提出的这些要求，实际上也是对教师的要求。这一方面是因为只有具有自主学习意识和能力的教师才能培养出能够自主学习的学生。

教师具有自主学习意识的具体表现是：一是主动参与大纲制订、课程设计、教材选择和测试评价活动。二是根据教学的具体需要调整教学内容。三是不僵化地使用一种方法和教材，愿意尝试多种方法和教材。四是敢于自己设计教学方法，准备教学材料。教师在教学中如果能表现出以上特点和自信，就会感染学生，从而将这种独立意识和自信传给学生。如果教师在教学过程中不注重学生自主学习能力的培养，那么学生也不可能具备习得自主学习的能力，所以有意识、有计划地进行自主学习能力的培养是教师的主要任务之一。在这种教学思想指导下，教师扮演的角色应该是合作者、顾问、协调者和对话者。

1. 教师是学生的合作者

教师应与学生一起，确定教学目标、学习内容、评价标准等。这样的合作可以是以班级、小组或个人为单位的。在此过程中，虽然教师仍然具有一定的权威性，但其主观上应该将自己看作学生的朋友，是他们的合作者。

2. 教师是学生学习的顾问和向导

没有接受过自主学习培训的学生对于如何承担起自主学习的责任往往一无所知，需要教师的鼓励和引导，从而逐渐适应新的角色，这时候，教师就是一名顾问，为学生的自主学习提供指导性的帮助。作为顾问，教师的任务是与学生进行交流和沟通，目的是通过对学生提问、采访，督促学生反思自己的学习过程、学习方法和学习态度，使得教师能够了解学生的学习进展情况和学习需要，帮助学生确定新的学习目标。这样的交流使学生真切感受到教师对他（她）的关心。每一个学生的学习特点都得到了尊重，以学生为中心、因材施教的教学思想由此得到很好的贯彻。当然，与每一个学生定期进行这样的对话会花费教师大量的时间，但是，考虑到它对于培养学生自主学习能力的作用，还是非常值得的。

3. 教师帮助学生进行学习方面的协调

学生的独立学习并不意味着孤立地学习，也不等于没有辅助的自学。实际上，在更多时候，学生要与同学一起讨论，对教学活动进行分享和讨论。在这些活动中，学生需要以表演、参与为核心，教师要保证这些任务不会偏离教学的目的，而是按照确定好的步骤进行。

4. 教师是知识和信息的来源

在自主学习中，教师不再是学生所学知识的唯一源泉，但是，教师所掌握的知识，特别是专业知识仍比学生丰富，仍然是学生吸取知识、提高能力的一个渠道。所不同的是，依靠教师传授知识已经不再是学生学习的主要内容。在教师的指导下，学生学习如何学才是自主学习的真谛所在。

沃勒尔（Voller）将教师的作用归纳为技术支持和心理 / 社会支持两大类。技术支持的主要内容包括：一是通过分析需求、确定目标、规划时间、选择教材和组织活动等来帮助学习者规划和实施自主学习，二是帮助学习者进行自我评价，三是帮助学习者掌握完成上述任务的能力和知识。

心理 / 社会支持的内容是：一是具有协调者的素质，即要体贴耐心、宽容大度、善解人意、不妄加评判等；二是善于调动学习者的学习积极性，即要鼓励上进、消除忧虑、愿意与学习者交流、不过多干预等；三是能够提高学习者独立自主的意识。

以上对教师角色和作用的论述表明：以自主学习为特点的教学对教师的要求更高，这不仅体现在教师在时间和精力上付出会更多，还体现教师在具备必要的业务知识的同时，还要具备与学生沟通和协调的能力。这样一来，教师的任务实际上比原来更重，责任更大，因此教师培训就显得更加必要。

（二）学生的角色

就学生而言，自主学习使得他们从对教师和教材的依赖中解放出来，成为自己学习的主人。这种从被动到主动的变化要求学习者在教师的引导下，做到：制订学习计划，确定学习目标和内容，规划学习进程，选择学习方法和策略，确定评价标准；监控学习过程，记录并与他人分享自己的学习经历和感受，反思并修正自己的学习态度和方法；评价学习结果，根据先前确定的标准对自己的学习进行评价，了解自己的进步和不足，确定下一步学习的目标。

总之，自主学习要求学生具有较强的学习意识，重视学习目标实现的过程和方法。通过这样的意识和对学习过程的关注，学生能够增强对学习、学习者和学习过程的理解，掌握学习的规律和方法，从而提高独立学习的能力，为承担起自主学习的责任做好准备。

三、自主学习与跨文化英语教学

培养学生的自主学习能力，对于任何一门学科，以及对任何一种形式，都具有十分重要的意义，跨文化英语教学对学生自主学习能力的培养更具有特殊意义。究其原因，一是由于跨文化英语教学的全方位实施，对学生在自主学习方面的能力提出了更高要求，因为语言、文化的学习与其他科目相比存在较大的差异性，主要依靠学生的主观认识与亲身体验，单凭教师或者教材所赋予的间接经验是难以提升学生自主学习能力的，学生不可能完成由单一文化背景者向双文化知识与能力者的转变，更谈不上跨文化交际能力的掌握。因此，培养学习者的自主学习能力是进行跨文化英语教学的前提。二是跨文化英语教学以提高学生的英语交际能力和跨文化交际能力为宗旨，旨在培养和发展学习者的综合素质，从某种意义上来说符合自主学习能力的培养目标。我国许多高校已经将跨文化英语作为一门必修课列入了教学计划之中。

跨文化交际能力实际上也是自主学习能力，有跨文化交际能力必然有很强的自主学习能力，在跨文化英语教学中，培养自主学习能力是不可分割的一部分。

第二节　跨文化交际下英语教学的模式研究

一、网络英语教学模式

网络环境中的英语教学可以根据信息技术手段来组织不同的教学形式，大体包括以下教学模式：

1. 课堂教学模式

这种模式是指使课堂成为既可以利用网络环境，又可以在任何时间调用多种载体信息资源的场所。

2. 指导、交流模式

教师设计教学的目的是培养学生元认知能力，以及帮助学生掌握正确的学习途径。之后，教师可以借助多媒体网络环境，把各类多媒体教学素材传输到学生的计算机中。教师在教学的时候只需要用电子举手、屏幕广播监控和其他功能等，就可以对学生学习活动进行指导了。

3. 协作学习模式

学生分组，严格根据教师或本人所提的命题，展开讨论和交流。在这一过程中，倡导学生灵活使用多种网络应用技术，创造性地对图文信息进行搜集和整理，设计并完成基于个体、小组或者班级的"专题发言""电视小品"等计划或任务，通过网络上的发布、交流和探讨，学生在可扩展以及开放式虚拟空间里发展自己的语言交际能力。

4. 虚拟仿真模式

多媒体技术与仿真技术有机融合能够营造出一种让学生沉浸其中的逼真效果，正确指导学生在合适的时机，从个人兴趣出发，切入外国的生活的虚拟场景，模拟接触各类外国人，从而快速增强学生在现实语言交往过程中表现自我的能力。

以学生为中心的建构主义教学模式是网络英语教学模式的最主要形式之一。它在教学内容方面强调以解决问题为导向，学习任务应尽可能接近真实情境；在教学环境方面，要求设计有利于学习任务展开的学习环境，能够支持合作和互动学习；在教学信息方面，要求学生自己发现、分析和处理信息；在教学过程方面，强调在学生已有的认知结构基础上获得知识；在教学方法方面，强调教师应设计多种自主学习策略，学生的学习策略强调合作式、交互式学习。这种模式要求教师应当扮演发问者、引导者、帮助者、促进者、协商者和组织者的角色，学生应当是学习的主体。

有学者提出，基于网络环境。这种模式以建构主义为指导的英语教学设计思想应结合学生特点进行"元认知"意识培养，树立学生自主学习意识；实行学习目标多元化，满足学生的个性学习需求；利用网络环境，组织学生自主学习；教师、学生角色以及教材、学习空间得以全方位地转变。

网络交互模式和移动模式是当前网络英语教学模式中最热门的研究领域之一。传统的英语教学方法已不能满足现代教育对学生学习能力提出的要求。在网络交互模式下，英语教学将网络作为传输平台，借助网络软件工具，形成教师与学生交流的虚拟空间；通过教师与学生、学习者之间的即时互动，实现教与学的最优化效果，使教学过程更加生动形象。网络交互模式也有同步与异步之分，前者注重授课和听课双方实时互动，后者突出了授课方和听课方之间非实时性沟通。

由于传统课堂教学方式缺乏互动性和灵活性，不能满足现代远程教育对学习者学习过程的要求。在网络远程教学领域，同步交互模式的英语教学既能够采用以语音为主，以影像为辅的实时交互形式，又能够采用以文字为主的网络在线的交流形式，不管是何种形式，均注重授课方和听课方之间的实时交互。实时对话工具软件为教师和学生构建了一个虚拟的交流空间，采用了异步通信机制，提供了一种新的即时通信方式——语音聊天，使学生能够随时向教师报告学习情况。师生通过语音信息、视频信息或者文字信息，实现实时互动和双向交流，并且沟通的效果和实际情况相差不大，基本没有区别，这种交互式教学模式不仅能够使课堂更高效地运转起来，且能提高教学效率。在远程英语教学中，网络交互模式尤为适合。

在异步交互模式下，英语教学是以语音和影像为载体的互动形式，或以文字为主的交流形式，既可以保证课堂内外教学同步实施，又能使学生及时获得反馈信息以调整学习行为。与同步交互模式相比，异步交互模式注重授课方和听课方之间的非实时交互性，教师与学生或者学友与学友的互动，从时空角度来看都有很大的灵活性。由于具有独特的优势，这种教学模式能更加有效地发挥英语语言教学的功能。想要实现异步交互模式的英语教学，可以采用信息服务系统（E-mail、BBS 等），架起教师与学生非实时的沟通桥梁。学生通过系统，可以向教师提出自己的疑惑或者不懂的问题，教师为学生答疑解惑，提供正确答案。教师和学生之间能够借助网络，围绕主题相互讨论，交流心得。

移动学习模式主要指的是教师的教学时空并不是一成不变的，学习主要依靠便携式可移动学习设备，具有交互性，也可以自主选择学习内容。英语学习者在使用移动学习模式开展英语教学势在必行。对于不同移动学习设备，其实现方式也各不相同：

①以掌上电脑（PDA）或者智能手机之类的设备为对象，可以通过 WAP（Wireless Application Protocol，无线应用协议）访问英语教学服务器，从而实现和完成无线浏览、查询和实时交互英语教学信息。英语学习者在使用这些设备时可以选择自己喜欢的教学模式，并根据实际需要随时更新教学内容。服务器端课程材料能借助 HTML（HyperText Mark-up Language，超文本标记语言）语言编写。

②以笔记本电脑为对象，通过无线网络与 HTTP（Hyper Text Transfer Protocol，超文本传输协议）协议连接英语教学服务器。

③使用 MP3/MP4 播放机，既可以从网上下载，也可以利用制作的英文视频、音频、文字材料来学习英语。以智能移动设备为载体的移动学习模式，在今后很长一段时间内都会有非常强大的生命力。

国内很多优秀的教师与学者，深入研究和探讨了就网络环境下的高校英语教学模式，提出了不少宝贵见解，并且将其归纳为以下几种教学模式：

①自主学习模式，主要建立在人本主义和建构主义理论基础之上，对认知重组教学原理进行有效利用，正确引导学生主动转化知识与建构知识，实现知识的顺利转化和建构，学生可以在课余时间利用网络课程开展自主学习。在大学英语网络自主教学模式中，教师通过制作多媒体课件或视频资料，将教学内容与网络资源有机结合起来，并提供相应的学习工具，让学生能根据自己的需要选择适合自己的资源。国内一些大学的英语课程存在很多的问题，如班型偏大、课时偏少等，建构网络自主学习模式正好能弥补这些不足。因为自主学习模式不受学习时间和学习地点等限制，所以能发展学生的主动性和独立性。

②合作学习模式，基本思路有教学形式、教学目标的多样化和导向性，学习

氛围的自然性，以及教学诸因素间的互动性。教师在网络教学的大环境中，可将不同水平的学生划分到同一个学习小组中，正确引导他们以某个学习材料为中心，根据教学目标的具体要求，开展探讨和评价等小组协作活动。学生可以借助不同的方式，如聊天室、留言板等，与组内成员相互沟通，实施一对一或者一对多的沟通，使学生处于轻松愉悦的环境中，在良好的合作环境中共同发展和进步。

③讲授型的教学模式，在组织和开展教学的时候，主要是按照"教师是主导，学生是主体"的教学原则。该模式认为，学生是学习的主体，教学内容已不囿于规定教材，包含学习主题所涉及的全部网络资源和多媒体课件等。

二、跨文化交际下的翻转课堂教学模式

（一）翻转课堂在跨文化交际英语教学中的特性

1.翻转课堂模式的必要性

培养学生自主学习能力是跨文化英语教学开展的先决条件，不管是跨文化交际的能力，还是英语交际的能力，学生主观认识与亲身体验均对其有着决定性的作用。自主学习能力是跨文化教学中学习活动、实践体验等步骤实现和完成的重要保障。翻转课堂以新媒体技术为依托，通过这一教学模式，学生能够真正成为教学活动的主人，从而实现"以学习者为中心"的教学模式，促进学生对文化的理解和运用，提升学生的跨文化意识。此外，由于教师的引导作用，学生能够充分理解所学内容并掌握其精髓所在，让他们在主观能动性得到增强的同时越来越有信心，也会更加积极、主动地参与跨文化英语教学。

2.翻转课堂模式的可行性

翻转课堂是在新媒体影响下跨文化英语教学的必然趋势。在高校英语教学中，探索一种信息化教学新模式势在必行。现代教育技术发展不仅给学生自主学习语言、文化资料提供了便捷的学习途径，也为跨文化英语教学的教师和学生、学生和学生之间的合作搭建了互动平台。翻转课堂教学模式将信息技术与传统教学模式相结合，可以促进教师角色转变，提高教学质量和效率，增强教学效果。与中小学英语教学相比，高校跨文化英语教学更加具备实施翻转课堂的条件，这是因为高校排课比中小学排课少了一些，大学生的课外时间比较充裕，时间安排也比

较灵活。此外，由于互联网上教学资源丰富且形式多样，教师能够根据教学实际情况调整教学内容和方式方法。大学生与中小学生相比较，大学生自我约束力强、行动力强，更是掌握了网络学习需要的技巧，并具有实际操作能力，有助于个性化自主学习的顺利完成。

（二）翻转课堂在跨文化交际英语教学中的应用

1. 学习单

为促使学生适应自主学习模式，教师应依据教学内容设计出一组学习单，方便学生查阅，指导学生严格根据教学大纲和教学目的开展有意义的自主学习。学习单中列有学生需提前自学的内容，相关文化积累的资料目录，单元涉及的教学内容等。学生通过学习单，可以"知道什么""想学什么""找到什么"，从而完成自主学习建设，在课堂教学活动中建立必要的信息积累基础。

2. 课外自主学习

教师在教学之前，预先把全部的教学内容分解为若干模块性和阶段性的学习目标，把制作完成的篇幅较短，长度在十分钟以内的微课材料上传网络平台，引导学生制定相关的学习计划。这样，学生就能按照教师制定的学习方案去完成每个阶段的学习任务。学生不仅能在学校使用网络自主学习平台，还能在家里独立完成学习任务，这种模式有利于提高课堂效率和教学质量。从学习内容的选择上来看，学生在学习过程中，可以根据自己的文化背景知识的积累和语言水平等来恰当取舍，一方面满足自身实际需求，另一方面必须与新知识吸收的实际需要相符合，同时也要实现通过对语言、文化等知识的吸收和消化，将新知识成功变为自己的信息，灵活运用目标语，达到有效交际的目的。

3. 课内展示与谈论

教师教学以学生完成了自主学习为前提，将本来由教师讲、学生听的课，转变成由教师引导，学生展示和相互交流自己的学习成果、体会和经验的一种课堂教学模式。在课堂教学中，教师不再是主体，其扮演的角色也从知识传授者变成了知识反馈过程的指导者、支持者和评价者。学生成为学习过程的中心及合作者和组织者，还是活动的主动内容设计者和参与者。

课堂教学的内容与形式要多元化，一方面使学生有机会展示自主语言学习、文化知识不断累积的结果和成果，通过对微课程的自主学习以及对西方国家文化背景知识的理解，归纳中国文化和西方国家文化的比较等；另一方面能给学生提供一个相互交流互动的平台，组织和开展不同类型的课堂对话活动，探讨和补充对西方文化的认识和了解，并运用目标语灵活、有效地沟通相互之间的心得、体会和经验。

4. 评价体系

翻转课堂教学模式和传统教学模式存在一定的差异，跨文化交际课程和一般语言知识课程又有所区别。翻转课堂教学模式改变了以往教学中以"教"为主的教学模式，对微课程和慕课的资源要求很高，对学生自主学习能力的支撑要求也很高。跨文化交际课程并非语言知识的简单传递，而是学生努力完成文化知识积累后的文化对比和交流。

翻转课堂教学模式在跨文化交际课程中的应用，要求学生独立自主、有意识地完成文化知识的积累，然后在翻转课堂中进行演示和交流，把自主信息输入转变成合适和有效的信息输出，其中，对于学习效果和自主学习的过程等，需要有一个完整的科学评价体系。在实施中，教师要发挥主导作用，引导和帮助学生开展自主学习。

评价体系以学生自主学习的过程和学习效果为主，采用不同的方法和途径，如成果展示、跟踪统计等，使教师全面了解和掌握学生自主学习的具体情况；还可以在潜移默化中逐步培养学生的自觉意识，使学生养成在学习全过程中负责任的良好习惯。该评价体系能使教师对学生自主学习时存在的问题有一个实时掌握，从而为后期完善和优化教学设计提供参考信息。

（三）高校英语口语翻转课堂教学模式设计

1. 课前阶段

一般采用个性化自主学习形式，顺利实现基础信息导入、平台提问和自我评估。这种评价体系能够使每个人都参与其中，并不断地进行自我反思，提高自己的素质，从而达到良好的学习效果。无论是教师还是学生，均需确定总目标，总目标主要包括两个方面，分别是发展人文素质和提升语言能力，由这两方面推动和促进四个教学环节的发展。在此基础上，教师再结合具体情境设计相应的课程活动并组织实施，让学生自己动手制作"微视频"，并以此为素材开展课堂互动讨论。教师把文化方面的影视广告、以主题为中心的语言知识技能等预制板块的内容等传到网络平台上。教师在课堂上要及时对学生提出的问题并予以回应，也可根据不同的问题在平台上设置相应的练习并进行及时评价。在自主完成基础知识学习之后，学生要将问题通过平台反馈给教师，为教师全面备课提供关键的参考项。并且，学生还要进行自我评估与检验，测评的形式有很多，如在线互动评估等。这一环节主要是增强学生在自学方面的能力，以及问题解决的有关能力，并帮助学生寻找合适的个性化的良好学习习惯。

2. 第一次上课

教师通过多维互动课堂活动，正确引领学生吸收和内化语言文化知识，并且及时评价学生的课堂表现，在此基础上构建"基于任务驱动"的英语课程模块结构体系。该教学板块维度中主要包含以社会人文为主题的探索、语言知识与技能的应用两个方面。前者重在培养学生的自主建构能力，后者侧重学习目标的达成，两个方面相互融合，在单元主题的科学引领下，积极开展以学生为本的课堂活动，教师是整个过程中的组织者和协调者，既引领学生进行文化探索，也带领他们开展语言训练，引导他们主动思考，并且解答课前搜集到的重点问题，个性化指导学生，将问题串联到相应的活动环节中。教师在此期间要注意与其他学科进行沟通和联系，使教学成为一个整体。学生在学习中既能体验语言与文化间的差异，又能感受到不同文化背景下思维方式和价值观的差异，从而提高跨文化意识。有鉴于此，我们可以批判性地看待、了解不同的文化思想与事实，把获得的全新认知灵活运用于教师创设的不同情境当中，如影视模拟、新闻模拟等。

这一阶段的学习评估以教师为主，并辅以组员之间的相互打分。学生在教室的第二语言氛围中，对相关主题展开不同的语言应用练习，从而促使跨文化交际能力在潜移默化之中得到较大幅度的有效提升和发展，顺利完成有效交际和达到深度学习的最终目的。

3. 课后阶段

在课后阶段，学生用合作学习的方法，围绕课题展开练习、实践、延伸和拓展，将有关的成果大纲交给教师，小组成员之间要相互评阅。拓展的形式多种多样，如专题写作、影片配音等，拓展形式的语言文化实践应该与单元的主题保持密不可分的联系。在此过程中，小组成员通过对教材文本内容的深入理解，并借助各种媒介传播信息，完成从"输入"向"输出"的转换。同时，教师也会指导学生把所获得的知识和能力灵活应用于实践中，将语言文化和现实生活相结合。课堂上，可以开展"用所学语言"开展"想说的话""会说的话"交流讨论活动，通过小组间的互动，让每个成员对自己的语言表达技能进行反思和自我评价。经过深度学习，进入实践阶段，可以说是促进语言综合应用能力、跨文化交际能力发展的不可或缺的重要环节。在课堂结束时进行评价活动可以检验学生对本节课所学内容的掌握程度，以及对其新知识技能的掌握情况。在合作学习结束后，学生一定要总结和概括在实践拓展中所取得的成果和疑难点，并且把下一节课呈现的重点一起交给教师。教师可以根据这一情况，准备更加有针对性和合理性的评析和反馈。学习小组成员在此阶段参与语言实践与文化拓展的进程中，应相互监督评估、相互勉励，共同进步，使得自己主动探索和交流协作的精神得到进一步发展。

4. 第二次上课

在课堂上开展小组成果展示、组间效果评价和提问交流，通过小组活动，学生能充分体验到不同文化背景下交际的困难，以及文化差异带来的不便。在课下环节精心设计和备课后，各团队按规定时间用英语将文化实践成果呈现在课堂上，组间能够相互提问，也可展开争论，使话题更加深入。通过小组活动，学生加深了学习理解，增强了交际意识。教师应尽可能多地拓展学生语言应用的渠道，除了上述拓展形式，也可以组织演讲比赛、辩论会，以其他国家的文化为视角评说学生的具体表现，与学生共享思维方式等，营造一个活跃又逼真的跨文化课堂环境，在拓宽学生思路的同时，也开阔他们的国际化视野。在此基础上，教师应对单元主题语言文化系统做梳理和归纳，通过小组讨论和交流互动实现教学目标。成果评价作为最后一环，主要是组间评价，可以实行一组一票制。教师在评价的时候与学生个人表现相结合，通过评价促进和推动学生的学习。

这个过程从另一角度看就是开放式的沟通，教师与学生、学生与学生中外语言文化的交流，可以碰撞出更加美丽的智慧火花，不仅使得学生的创新精神得到提升，他们的跨文化能力也得到了升华和发展。

综上所述，以翻转课堂为载体的跨文化英语教学的四个教学环节是密切相关的，各环节语言文化知识的内化，以及人文素质的发展、培养应有机融合，循序渐进。

参考文献

[1] 杨玲梅. 多元背景下的大学公共英语教学与跨文化交际研究 [M]. 北京：北京工业大学出版社，2019.

[2] 丁燕. 互动与融合跨文化与英语教学 [M]. 北京：九州出版社，2020.

[3] 王珊，马玉红. 大学英语教学的跨文化教育及教学模式研究 [M]. 武汉：武汉大学出版社，2018.

[4] 张喜华，郭平建，谢职安. 大学英语中的跨文化教学研究 [M]. 北京：北京交通大学出版社，2019.

[5] 谷萍. 跨文化视野下英语教学研究 [M]. 北京：现代出版社，2019.

[6] 李彩梅. 大学英语跨文化教学现状的研究 [D]. 桂林：广西师范大学，2022.

[7] 杨莉莉，杨丽. 基于跨文化交际能力培养的大学英语教学设计研究 [J]. 海外英语，2022（10）：189-191.

[8] 聂新元. 大学英语阅读中跨文化交际能力培养的教学策略研究 [J]. 吉林广播电视大学学报，2022（03）：93-95+98.

[9] 朱灵. 多模态视角下大学英语教学的跨文化交际能力培养 [J]. 现代英语，2022910：111-114.

[10] 张艳. 试论英语教学中跨文化交际能力的培养 [J]. 江苏外语教学研究，2022（02：30-32+29.

[11] 杨莹. 大学英语教学中跨文化交际能力的培养 [J]. 产业与科技论坛，2022，21（09）：136-137.

[12] 多忆楠. 英语专业本科生的跨文化敏感度发展与英语能力提高研究 [D]. 上海：上海师范大学，2022.

[13] 魏烨. 如何在大学英语教学中提升学生跨文化交际能力 [J]. 校园英语，2022（17）：172-174.

[14] 佟爽. 跨文化视角下的中美大学英语教材比较研究 [D]. 长春：吉林大学，2022.

[15] 邓小玲. 跨文化交际在中学英语教学中的渗透策略探讨 [J]. 新教育，2022（05）：10-12.

[16] 罗小芳. 跨文化交际视域下的"中国英语"及其对英语教学的启示 [J]. 珠江论丛，2021（Z1）：346-353.

[17] 孔凡利. 高校英语教学中跨文化交际能力的培养 [J]. 漯河职业技术学院学报，2021，20（04）：106-108.

[18] 刘悦. 核心素养背景下英语课堂中的文化意识培养行动研究 [D]. 曲阜：曲阜师范大学，2021.

[19] 王悦. 英语专业硕士跨文化交际能力调查研究 [D]. 长春：吉林大学，2021.

[20] 贺婵. 基于跨文化交际能力培养的大学英语教学策略研究 [D]. 西安：西安外国语大学，2021.

[21] 田甜. 中国英语专业学生母语文化失语症与全球公民身份构建关系研究 [D]. 哈尔滨：哈尔滨工业大学，2021.

[22] 余依. 跨文化交际视角下大学英语教学中的"中国文化失语"现象研究 [D]. 武汉：湖北工业大学，2021.

[23] 赵瑞钰. 高中英语教学中跨文化交际能力培养现状调查及对策的案例研究 [D]. 北京：中央民族大学，2021.

[24] 靳静波. 跨文化交际视野下大学英语教学改革路径探究 [J]. 黑龙江工程学院学报，2020，34（06）：68-71.

[25] 乔泽丰. 内容教学法对非英语专业大学生英语阅读成绩与跨文化交际能力的影响研究 [D]. 西安：陕西师范大学，2020.

[26] 白雪. "新时代"大学英语课程设置研究 [D]. 上海：上海外国语大学，2020.

[27] 陈敏. 英语教学中学生跨文化交际意识的培养 [J]. 中国教育学刊,2019(S1)：93-94.

[28] 刘梦莹. 跨文化交际视角下外教英语口语课堂教学策略研究 [D]. 西安：西安外国语大学，2018.

[29] 葛春萍，王守仁. 跨文化交际能力培养与大学英语教学 [J]. 外语与外语教学，2016（02）：79-86+146.

[30] 汪火焰. 基于跨文化交际的大学英语教学模式研究 [D]. 武汉：华中科技大学，2012.